Estratégias simples para impulsionar seu negócio no Instagram

Copyright © 2023 Reginaldo Osnildo
Todos os direitos reservados.

I0427441

Saudações,

Tem sido uma longa jornada para o Instagram desde seu humilde começo quando o hype era compartilhar simples imagens há mais de uma década até se tornar o gigante da mídia social de hoje com mais de 1 bilhão de usuários ativos mensais.

Para as marcas, empresas e criadores por trás delas, o Instagram representa muito mais que um playground de fotos nostálgicas - tornou-se um dos canais de marketing, branding e vendas de mais rápido crescimento do planeta.

E nenhuma outra plataforma combina tão harmoniosamente os poderes do alcance social, engajamento visual, mobilidade e compra direta na ponta dos dedos como o Instagram.

Para milhões de marcas globais, celebridades, influenciadores e empresas emergentes - o Instagram se tornou virtualmente a nova praça da aldeia digital, onde relacionamentos são construídos, reputações são solidificadas e negócios prosperam por meio de conexões humanas autênticas e compartilhamento de histórias.

Para outras empresas ainda por vir para a mesa, este livro serve como o seu convite e guia de boas vindas para desbloquear todo o potencial deste poderoso marketplace visual.

Nas próximas páginas, vou compartilhar as melhores práticas para dominar o algoritmo do Instagram, engajar seguidores leais, colaborar com influenciadores, promover produtos naturalmente e muito mais.

Meu objetivo é equipar você com uma caixa de ferramentas abrangente de estratégias simples, mas poderosas que qualquer negócio pode aplicar para prosperar no Instagram hoje.

Portanto, passe para o próximo capítulo e vamos começar nossa jornada juntos explorando o imenso e lucrativo mundo das oportunidades no Instagram esperando ser desbloqueado!

Atenciosamente

Professor Dr. Reginaldo Osnildo

DOMINANDO O PERFIL PERFEITO

Seja muito bem-vindo ao nosso livro sobre como impulsionar seu negócio no Instagram! Vamos mergulhar fundo em como criar um perfil cativante nesta plataforma, começando pelo item mais importante: sua biografia.

Sim, sua bio tem um impacto enorme em causar uma boa primeira impressão e converter visitantes em seguidores engajados. Por isso, otimizá-la deve ser sua prioridade ao configurar sua conta. Ao dominar isso, você dará um grande passo para dominar o Instagram.

Antes de mais nada, por que a biografia é tão importante?

Bem, ela aparece destacada em seu perfil, logo abaixo de seu nome e foto. É uma das primeiras coisas que as pessoas veem quando entram no seu perfil. Além disso, também aparece nos resultados de busca e sempre que alguém clica para saber mais sobre você após ver um de seus posts. Ou seja, trata-se de um espaço valioso para causar uma excelente primeira impressão, explicar do que se trata sua conta e converter visitantes em seguidores. Por isso, vamos ver agora as melhores estratégias para aproveitá-lo ao máximo. Confira!

Defina seu propósito

O primeiro passo é ter clareza sobre qual é o propósito do seu perfil no Instagram. Você pretende mostrar seu trabalho como fotógrafo? Divulgar seu negócio de roupas? Compartilhar dicas sobre viagens? Inspirar com frases motivacionais?

Definir seu nicho e tema central é essencial para depois comunicar isso de forma efetiva na bio. Dessa forma, as pessoas que se interessam pelo assunto que você aborda vão reconhecer que seu conteúdo tem valor para elas.

Se você ainda não tem certeza absoluta sobre a proposta do seu perfil, vai testando alguns temas nos seus posts. Assim, com o tempo, você naturalmente encontrará um nicho com o qual mais se identifica. Mas tenha foco: contas muito genéricas dificilmente fazem sucesso. Veja como a Nutricionista Tamara Pedroso é clara sobre o que é o perfil dela (Ah, ela está todas as sextas-feiras na Rádio Cidade Tubarão).

Crie uma frase descritiva concisa

Agora que você já definiu sobre o que pretende falar no Instagram, é hora de sintetizar isso em uma frase descritiva eficaz para sua biografia. Ela deve informar claramente aos visitantes o propósito do seu perfil em poucas palavras.

Por exemplo, se você tem uma loja de bijuterias, sua frase poderia ser algo assim: "Bijuterias exclusivas feitas à mão com pedras naturais". Já para uma página de dicas de maquiagem poderia ser: "Dicas para uma maquiagem impecável no dia a dia".

Perceba que elas comunicam a essência do perfil de forma breve e direta. Não precisa — e nem deve — colocar texto demais. Lembre-se de que no Instagram as pessoas têm pouco tempo e paciência para ler.

Portanto, seja breve ao informar sobre do que se trata a sua conta. Destaque apenas os pontos mais importantes do seu tema e propósito. Veja como faz a sexóloga Gabriela Dias (ela participa todas as terças-feiras na rádio 102FM): "Ajudo você a viver sexualmente feliz".

agabrieladiasoficial ✔   Seguir   Enviar mensagem   +👤 •••

7.756 publicações   230 mil seguidores   2.516 seguindo

Sexóloga Materna Gabriela Dias

Figura pública
Mãe de 3 tesouros 💜💜💜
+ de 590k na rede vizinha 😍
Ajudo você a viver sexualmente feliz 😊
Informações sobre consultas e loja on line 👇
🔗 linktr.ee/GabrielaDias

Inclua um call to action

Além de informar sobre o conteúdo do seu perfil, aproveite os preciosos 150 caracteres da biografia para incluir também um call to action. Ou seja, um convite para que as pessoas interajam com você (tanto a Tamara Pedroso quando a Gabriela Dias, fizeram isso em seus perfis).

Isso será muito importante para convertê-las de meros visitantes em seguidores engajados. Portanto, depois de sua frase descritiva, adicione um comando como "siga-me", "cadastre-se" ou "compre agora".

Você também pode direcionar para um link externo colocando uma chamada como "WhatsApp" ou "loja online". Assim, as pessoas poderão entrar em contato ou comprar seus produtos facilmente.

Personalize com emojis

Outra dica valiosa é usar emojis de forma estratégica em sua biografia. Eles ajudam a transmitir visualmente o tema do seu perfil, chamam mais atenção e dão um toque único à sua bio.

Por exemplo, se você fala sobre moda, coloque um emoji de roupas ou maquiagem. Para viagens, insira emojis de avião, globo terrestre ou pontos turísticos. Já sobre gastronomia, talheres e alimentos são ótimas pedidas.

Além disso, emojis também servem para destacar o call to action. Experimente usá-los próximos a frases como "siga-me" ou "cadastre-se" para enfatizá-las.

Mas cuidado para não exagerar. Limite-se a usar 2 ou 3 emojis relevantes. Quantidades muito grandes podem poluir visualmente sua biografia. Use-os com moderação e sentido para agregar valor.

Mantenha atualizada

Lembre-se de que sua biografia não é algo estático. À medida que seu perfil for crescendo e amadurecendo, talvez você precise fazer ajustes no texto para refletir mudanças.

Portanto, revise-a de tempos em tempos para ter certeza de que ainda representa com precisão os temas e propósito atuais da sua conta. Caso mude de nicho ou ofereça novos produtos e serviços, atualize essas informações.

Isso fará com que novos visitantes tenham sempre a impressão correta sobre o que encontrarão em seu perfil. E os antigos seguidores também ficarão por dentro das novidades sobre você.

Cuidado com links

Muita gente aproveita os valiosos caracteres da biografia do Instagram para colocar links externos também. Isso permite direcionar tráfego para outros canais, como site, blog e loja online.

Porém, é preciso ter cuidado. Colocar links demais pode poluir sua biografia e tirar o foco do seu propósito no Instagram. O ideal é destacar apenas um ou no máximo dois links mais importantes.

Além disso, use chamadas claras indicando para onde aquele link vai levar, como "Site", "Loja", "YouTube" e afins. Também vale destacar esses links com emojis para atrair mais cliques.

Mas lembre-se: o foco principal deve ser comunicar sobre o que se trata o seu perfil dentro do Instagram. Links externos são complementares e devem ser usados com moderação.

Monitore resultados

Depois de aplicar todas essas dicas para otimizar sua biografia, é hora de testar se elas realmente funcionam. Uma boa biografia deve converter visitantes em novos seguidores interessados no seu conteúdo.

Portanto, monitore quantas pessoas passam a seguir você após darem uma olhada na sua bio. Peça também feedback de amigos e seguidores fiéis para saber se ela passa a impressão correta sobre sua conta.

Se vir que pouca gente está seguindo você ou tendo a interpretação errada, talvez algum ajuste seja necessário. Faça testes, colete feedbacks e monitore métricas para aperfeiçoá-la.

Escolha de uma foto de perfil impactante

Após dominarmos todos os segredos de uma biografia poderosa, está na hora de melhorar também o impacto visual do seu perfil no Instagram. Afinal, além de textos bem escritos, as imagens têm um enorme poder de causar boas primeiras impressões e atrair seguidores.

Por isso, revelarei dicas de ouro sobre como escolher uma foto de perfil perfeita para seu negócio ou marca pessoal. Acertar nisso fará com que os visitantes não resistam a dar aquele precioso clique de "seguir".

A seguir, você verá diretrizes detalhadas sobre os tipos de foto mais eficientes, poses e enquadramentos ideais, edição poderosa, atualização regular e muito mais. Estratégias simples que farão sua foto de perfil se destacar no feed.

Então, vamos conferir tudo o que pode tornar seu avatar realmente impactante?

O poder da primeira impressão

Antes de entrarmos nos detalhes técnicos, é preciso entender por que a foto de perfil é tão importante. Ela aparece pequena, muitas vezes até ignorada pelos usuários, não é mesmo? Entretanto, esse "pequeno" avatar é capaz de causar a decisiva primeira impressão.

Quando alguém entra no seu perfil, seja um possível novo seguidor ou mesmo usuários antigos, uma das primeiras coisas que salta aos olhos é sua foto. Mesmo diminuta, ela sintetiza visualmente a essência da sua conta.

Portanto, uma imagem impactante e alinhada com sua proposta tem grande poder de cativar novos fãs. Uma foto desinteressante ou inadequada, por outro lado, pode afastar potenciais seguidores.

Por isso, não menospreze a importância desse elemento aparentemente simples. Dedique tempo para escolher (ou produzir) uma foto de perfil perfeita. Vamos ver agora as melhores estratégias para isso?

Escolha temas que reforcem sua proposta

O segredo de uma boa foto de perfil é reforçar visualmente o propósito do seu perfil, definido logo na biografia. Ou seja, os temas retratados na imagem devem transmitir sobre o que se tratam seus posts.

Por exemplo, se você fala sobre moda, invista em uma bela foto sua com looks descolados e estilosos. Já para uma conta sobre viagens, imagens em pontos turísticos famosos são adequadas. E por aí vai.

Caso você tenha uma empresa ou marca, elementos que remetam ao seu nicho de atuação são ótimas pedidas. Se vende bolos, que tal uma foto segurando uma linda guloseima recém-decorada? Para uma agência de design, seus equipamentos de trabalho em ação capturam bem sua proposta.

O ponto é: reforce visualmente, desde o primeiro olhar, qual é o seu tema no Instagram. Isso gera identificação imediata com as pessoas interessadas nele e vontade de seguir você para ver mais.

Caso não tenha uma imagem perfeita ainda, planeje um dia

especial de fotos só para produzir a de perfil. Vale muito investir nisso!

Destaque você ou seu produto/serviço

Além de mostrar sobre o que é seu nicho, também é essencial que a foto destaque você ou seu negócio claramente. Afinal, as pessoas querem ver exatamente quem estão seguindo, certo?

Portanto, invista em enquadramentos em primeiro plano do seu rosto ou corpo. Caso represente uma empresa, fotos em close de seus produtos ou serviços têm ainda mais impacto. Selfies bem feitas, retratos profissionais trabalhados e ensaios estilosos são excelentes pedidas para pessoas. Já para marcas, imagens clean do espaço, produtos e equipe dão aquela cara de profissionalismo desejada.

Mais um recado importante: não use apenas logotipos ou elementos gráficos como foto de perfil. Por mais lindo que seja seu logo, as pessoas querem ver rostos e reconhecer visualmente quem está por trás daquela conta Instagram.

Explore ângulos e poses marcantes

Tradicionalmente, a maioria das fotos de perfil são bem frontais, olhando diretamente para a câmera. Porém, ângulos mais diferentes e poses marcantes têm muito mais impacto visual.

Por isso, explore olhares mais misteriosos de lado, em diagonal ou de cima para baixo. Brinque também com poses mais diferentes, como o corpo girando em contraposto.

Caso prefira algo mais sóbrio, experimente um leve sorriso misterioso ou um olhar profundo que conquiste as pessoas. Fotos em diagonal ou levemente inclinadas também quebram um pouco o padrão sem fugir muito do tradicional.

O segredo é testar várias opções para encontrar aquela que melhor equilibra seu estilo e proposta com um grande impacto visual. Treine as expressões faciais, poses de corpo e veja qual transmite a mensagem desejada.

Mas atenção: nem toda pose diferentona funciona bem como foto pequena. Certifique-se de que seu rosto ainda está destacado e reconhecível nesses enquadramentos diferentes. Do contrário, a foto perde o efeito desejado de mostrar quem é você.

Aposte na qualidade e no cuidado com detalhes

Imagine que você está em uma fila com 10 pessoas aleatórias para fazer uma nova amizade. Em quem você repararia primeiro: naquelas mal arrumadas, despenteadas e com roupas amassadas ou nas pessoas estilosas e bem produzidas?

Pois no Instagram acontece a mesma coisa: fotos de perfil com capricho, bem cuidadas, nítidas e harmoniosas simplesmente atraem mais. Denotam que você se importa com a qualidade do que posta.

Por isso, invista tempo editando a imagem escolhida. Faça ajustes de luz e cor, recorte o enquadramento se necessário, retoque imperfeições e aplique melhorias sutis.

Deixe a foto limpa visualmente também, com fundo pouco complexo para destacar você. Nada de elementos desnecessários disputando a atenção. Menos é mais: o foco central tem que ser seu rosto/produto em primeiro plano.

Ah, e não se esqueça de deixar a foto quadrada, seguindo o padrão do Instagram. Assim, você garante que seu rosto e elementos principais nunca sejam cortados, cabendo perfeitamente no avatar circular de perfil.

Mantenha a foto sempre atualizada

Lembre-se que, assim como a biografia, sua foto de perfil também deve acompanhar as atualizações de seu negócio e propostas. Portanto, de tempos em tempos, avalie se ela ainda é a imagem ideal para representar sua conta hoje.

Caso tenha mudado seu visual ou lançado uma nova marca/ produto, atualizá-la passa ainda mais credibilidade e alinhamento com o que você faz agora. Mostra comprometimento em manter seu perfil sempre atualizado.

Mas nem toda mudança significa trocar a foto por completo. Editá-la melhorando luz, cor e enquadramento pode ser suficiente para deixá-la com "cara" nova. O importante é causar novamente aquele efeito "uau" de alta qualidade.

Peça feedbacks para seus seguidores

Antes de cravar sua escolha definitiva para foto de perfil, peça feedback para seus seguidores mais engajados. Pergunte a eles qual das opções que você separou passa a melhor impressão sobre sua conta hoje.

Esse input externo será valioso para ter certeza que a imagem realmente combina com o restante do seu perfil e transmite a mensagem desejada. Afinal, são seus seguidores que a verão diariamente, certo?

Faça um teste A/B também publicando as duas opções por alguns dias cada e perceba qual delas gera mais comentários positivos e interações. Isso sinaliza qual agrada mais seu público fiel.

O importante é deixar a vaidade um pouco de lado e focar no que é mais eficiente do ponto de vista estratégico para atrair potenciais novos seguidores.

Ferramentas online para ajudar

Para facilitar sua vida a encontrar/editar uma ótima foto de perfil, algumas ferramentas online podem ajudar e muito. Separamos aqui as principais para você testar:

- **Canva:** plataforma super user friendly de design gráfico com modelos profissionais editáveis. Ideal para fazer pequenas edições e melhorias na sua foto escolhida.

- **BeFunky:** editor online completo com funções avançadas de correção de cor, contraste e luz. Ótima pedida para leigos.

- **Photofeeler:** teste diferentes fotos e veja a avaliação de pessoas reais sobre qual passa a melhor mensagem desejada para o seu perfil.

- **Snapseed:** app gratuito de edição de fotos do Google, com funções poderosas e intuitivas para melhorar seu avatar do zero.

Aproveite para testar essas opções na hora de selecionar e editar sua foto. Elas facilitarão sua vida nessa tarefa tão importante para causar a melhor primeira impressão possível no Instagram.

Pratique, analise resultados e refine

E então, pronto para colocar em prática essas estratégias e ferramentas para encontrar sua foto de perfil definitiva? Lembre-se que muito provavelmente você não acertará logo na primeira tentativa. É um processo.

Portanto, registre várias opções de imagens seguindo as orientações de ângulo, tema e qualidade deste capítulo. Depois teste-as uma a uma, usando por alguns dias cada.

Observe também os feedbacks que recebe e como se comportam as curtidas e seguidores novos com cada versão. Isso te dará insights sobre qual delas conversa melhor com seu público.

Aos poucos, analisando os resultados obtidos, você chegará naquela foto perfeita. Ela reforçará sua proposta, causará impacto visual imediato e conquistará cada vez mais seguidores.

No próximo capítulo deste livro, ensinarei tudo sobre outra parte fundamental para seu sucesso por aqui: criar um conteúdo envolvente e original, fazendo qualquer pessoa parar para te acompanhar. Não perca!

CONTEÚDO QUE CATIVA

Parabéns! Agora que você já utilizou ao máximo os elementos visuais do seu perfil, está na hora de focar na estratégia mais importante: criar posts cativantes e originais. Afinal, por melhor que esteja sua foto e biografia, são os conteúdos frequentes e engajadores que farão os seguidores realmente interagirem.

E é exatamente sobre isso que vamos conversar neste capítulo: como sistematizar o processo criativo para nunca faltarem boas ideias para seus posts. Veremos técnicas para identificar temas de valor, melhorar visuais, escrever legendas poderosas e extrair o máximo de cada publicação.

Portanto, trate este capítulo como sua caixa de ferramentas para ter sempre novas inspirações upando seu feed. E transformá-lo em um espaço instagramável que ninguém consegue deixar de acompanhar. Topa mergulhar nessas dicas?

Encontre seu nicho temático

Antes de sair postando aleatoriamente tudo que vier à cabeça, é essencial definir qual é de fato o seu nicho temático no Instagram. Ou seja, sobre qual assunto específico você quer se aprofundar e ser referência?

Essa definição é importante porque construir autoridade em um tema - mesmo que seja muito específico - é melhor do que falar superficialmente sobre vários assuntos genéricos. Quanto mais focado, mais suas publicações trarão valor real para um grupo de pessoas específico.

Por exemplo, ao invés de postar sobre "receitas" em geral, você pode se especializar nas melhores receitas fitness com proteína. Ou deixar de lado "moda" e se aprofundar em looks street style. Entende como fica mais segmentado?

Assim, você filtra desde o começo quem são as pessoas que realmente vão curtir seu conteúdo: outros fãs daquele nicho específico! E aí tudo que postar interessa e agrega valor para eles.

Mas como descobrir esses nichos de interesse? Uma dica é observar hashtags: veja quais são menos abrangentes e tenham seguidores, mas não milhões. Indica um nicho! Outra é ver o que sua própria paixão e hobbies podem oferecer. Vai por aí!

Crie uma persona do seu público ideal

Agora que você encontrou um nicho temático para chamar de seu, chegou a hora de definir quem é o público que provavelmente vai gostar daquele assunto. Ou seja, mapear exatamente as características da sua persona ideal no Instagram.

Isso envolve detalhar itens como a idade média, classe social, gostos e interesses em comum, objetivos e desejos mais comuns... Enfim, tudo que torna aquele grupinho com interesses parecidos nos seus posts.

Esse exercício vai ser muito útil para direcionar sua linguagem nas legendas, o estilo dos seus visuais e o tom geral das publicações. Afinal, é importante que seu público se identifique e se sinta "em casa" ali.

Uma dica é sempre ter em mente uma personagem fictícia representando esse público quando for criar conteúdo. Imagine uma Júlia, 27 anos, classe média alta, workaholic do marketing, professora de yoga... que adora receitas fit. Ela vai amar suas dicas!

Quanto mais entender profundamente seu público e o que mais interessa a eles, mais seu conteúdo vai acertar em cheio nas necessidades deles! Vamos às ideias então?

Aposte em listas e compilações

Uma excelente maneira de sistematizar a criação de novos posts é produzir listas e compilações bem segmentadas sempre sobre o seu nicho. Ou seja, reunir num só post os 10, 20 ou 30 melhores de algum item específico.

Por exemplo, no nicho de street style feminino, você pode reunir as

30 saias midi quadriculadas mais estilosas para looks de outono. Já na área de produtividade, que tal um post com 20 canais no YouTube para quem quer potencializar resultados?

SContime

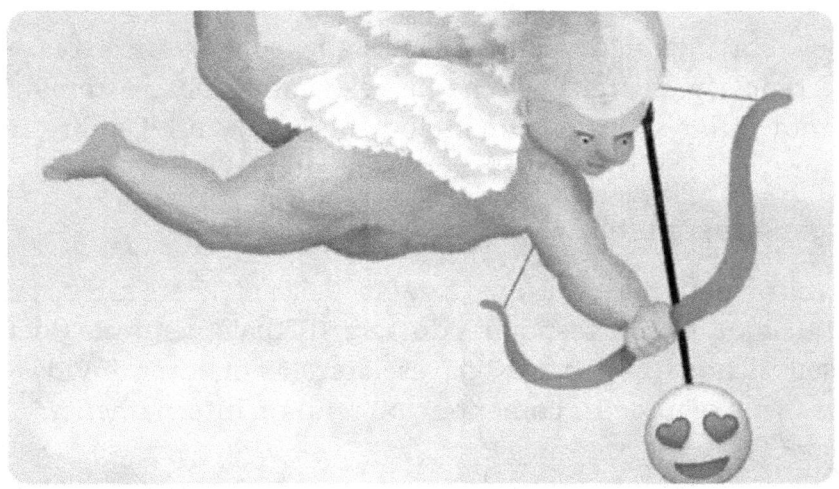

As 10 redes sociais
mais usadas em 2023
e tendências para 2024!

Esse formato é interessante porque entrega muito conteúdo de valor em uma só publicação. Dá a sensação ao seguidor que aquele post já valeu por 10! Além disso, ele poderá salvar e retornar depois, aumentando seu engajamento.

Foque em qualidade sobre quantidade com essas listas e dê preferência para itens realmente relevantes sobre o tema. Não adianta inflar só para aumentar o número, viu? Lembre-se de sempre pensar no que é útil para o seu público.

Responda perguntas frequentes

Outro formato muito útil para gerar ideias de posts são os guias, manuais ou textos respondendo as principais perguntas dentro do seu nicho temático. Ou seja, esclareça as maiores dúvidas que talvez seus seguidores comentem ou tenham internamente.

Alguns exemplos:

- No mundo fitness, um post sobre "Como evitar lesões fazendo crossfit em casa?".

- Em uma conta sobe empreendedorismo digital, um guia "Como vender em dólar sem sair do país?"

- Em uma conta sobre decoração de unhas, um post "Q&A: erros que arruinam uma manicure perfeita".

Perceba que eles respondem prováveis questionamentos que seu público já faz ou um dia fará. São dores e curiosidades muito humanas dentro daquele nicho!

Para identificar essas perguntas frequentes, uma boa é conferir as caixinhas de perguntas no Stories. Outra é pensar no que você tinha dúvida quando começou sobre aquele assunto. O que teria gostado de ver respondido em um post?

Descomplique processos e conceitos

Sabia que existem muitos segredos simples que parecem mágica para quem está iniciando em um assunto novo mas são triviais para os experts? Pois bem, esse tipo de conteúdo tem grande poder de engajamento!

Estamos falando de revelar dicas, pequenos segredos, atalhos e soluções rápidas para desburocratizar ou desmistificar processos complexos. Aquilo que todo mundo que está começando em um hobby ou atividade gostaria de saber antes.

Por exemplo, se seu nicho são esportes radicais, que tal um post "5 equipamentos que os iniciantes devem ter para evitar lesões"? Já sobre desenvolvimento pessoal, um texto "Mindset: o maior obstáculo entre você e suas metas".

Perceba que muitas vezes não é necessário criar conteúdo super aprofundado e complexo. Às vezes, simplificar com carinho temas considerados difíceis pela maioria já entrega muito valor!

Use e abuse dos how to

Dentro dessa proposta de facilitar a vida de quem está iniciando em um tema, os posts no formato how-to (ou "como fazer tal coisa") são imbatíveis! Todo mundo quer entender rapidinho como desenvolver aquela habilidade ou resolver de vez aquela dorzinha.

E o melhor é que esses conteúdos geram um ciclo virtuoso: além do interesse dos iniciantes, experts mais avançados também curtem ler e relembrar, além de querer compartilhar dando aquele toque pessoal.

Alguns exemplos de ideias how-to infalíveis:

- "5 dicas para tirar foto de comida instagramável pelo celular"

- "Como analisar seu próprio natal astrológico"

- "Guia para montar seu planejamento financeiro"

Perceba que elas prometem uma "receita", passo a passo, para o usuário alcançar um resultado desejado. Quem não gostaria de dominar aquilo com uns cliques só?

Textos longos também funcionam

E já que falamos tanto em simplificar, você pode estar pensando: tem mesmo espaço para textos longos e mais analíticos no Instagram? A resposta é sim, com certeza! Desde que segmentados para o seu público certo.

Muita gente segue influencers, pensadores e especialistas justamente pela bagagem no tema, disposição em compartilhar insights aprofundados e visões exclusivamente pessoais sobre algo. Então, não tenha medo de eventualmente publicar conteúdos mais extensos, analíticos e elaborados.

Isso mostrará ao seu público mais fiel e engajado que você realmente domina o assunto e tem muita contextualização valiosa para compartilhar com eles em formato de textão mesmo.

Algumas ideias que permitem (e incentivam) textos mais longos:

- Relatos pessoais tipo "diário de bordo"

- Insights e casos de sucesso (ou fracasso!)

- Opiniões polêmicas e contrastantes

- Análises e críticas aprofundadas

- Investigação e especialização em algo muito segmentado

O ponto é: nem só de dicas rápidas e tutoriais vive o Instagram. Há espaço sim para conteúdo mais denso e palavra fria. Desde que relevante para a sua audiência, claro!

Ensine com stories educativos

E já que este é um livro sobre estratégias para o Instagram, não poderia faltar uma sessão inteira sobre os famosos (e eficientes!) stories, não é mesmo? Afinal, eles são parte fundamental da experiência da rede social hoje em dia.

Dentre os formatos possíveis, uma excelente pedida são os

stories educativos, ensinando algum tema rapidamente em slides automatizados super diretos ao ponto.

Por exemplo, numa conta sobre desenvolvimento pessoal, que tal um story ensinando a usar o método Pomodoro para administração de tempo? Já em uma página sobre leitura, você pode compartilhar dicas para criar o hábito de leitura diária.

O legal desse formato de stories é que ele permite ensinar um assunto em poucos minutos, com muita praticidade. Além disso, como é efêmero e mais descontraído, você pode testar temas de nicho até mais excêntricos sem compromisso.

Portanto, pense em minicursos e tutoriais sobre seu nicho para compartilhar no stories regularmente. Explique coisas, mostre na prática resultados... Viu como dá pra educar mesmo em poucos segundos?

Crie sequências temáticas

E por falar em organizar seu conteúdo em séries, que tal criar sequências temáticas de posts e stories aprofundando um subtema do seu nicho por um período?

Por exemplo, durante 1 ou 2 semanas, em um perfil sobre alimentação saudável, que tal só falar sobre técnicas de slow cooking? Já em uma conta feminina, que tal uma série especial apenas com makes para o verão?

Esse "mergulho" em um subnicho é bacana porque você realmente se torna referência naquilo durante um tempo. Suas publicações vão aparecer nos resultados do Instagram e hashtags relacionadas com muito mais facilidade também.

Além disso, seus seguidores mais interessados naquela parte do tema vão curtir a "temporada" dedicada só a eles. Você estreita laços e, de quebra, atrai novos seguidores parecidos.

Foque no lifestyle

Por fim, uma dica infalível em qualquer nicho do Instagram: capriche no lifestyle, mostrando seu dia a dia vivo envolvendo o tema que você fala. Afinal, ninguém segue somente tutoriais e dicas: as pessoas querem ver pessoas de verdade!

Portanto, sempre dê um tom pessoal para suas publicações. Mostre você mesma(o) aplicando aquele conteúdo, seus hábitos, sua rotina, seus amigos... Enfim, permita que as pessoas vivenciem de forma indireta um pouquinho do estilo de vida abordado na sua conta.

Isso, somando com dicas práticas ocasionais, é uma receita certeira para criar engajamento. As pessoas literalmente se apaixonam pelo seu trabalho e vida, achando você uma inspiração ou modelo prazeroso de seguir.

E aí, se sente mais confiante para criar posts poderosos com essa torneira quase infinita de ideias e ângulos que o Instagram proporciona? Espero que você tenha anotado bastante inspiração neste capítulo para colocar em prática e fazer um feed arrasador! Mas isso é apenas o começo.

Uso eficaz de stories e reels

Já demos uma passada ampla sobre as melhores estratégias para criar posts envolventes em seu feed. Exploramos desde a definição de nicho até diversos formatos de publicação, sempre com foco em agregar valor para seu público.

Agora é hora de aprofundar duas ferramentas visuais que não param de crescer em alcance e engajamento dentro do Instagram: os stories e os reels.

Apesar de parecerem simples e despretensiosos à primeira vista, ambos têm muito poder quando bem utilizados. Por isso, separei neste capítulo os principais truques para extrair o máximo de cada um deles, turbinando seu alcance.

Portanto, vem comigo explorar o lado mais divertido, informal e audiovisual do Instagram. Garanto que você sairá daqui dominando todos os segredos para fazer sucesso com stories e reels!

Stories: o conteúdo descomplicado do dia a dia

Não dá para falar em engajamento no Instagram sem mencionar os stories. A ferramenta Stories é atualmente uma das partes mais ativas e visualizadas dos perfis, muitas vezes superando até mesmo as publicações tradicionais.

Isso acontece porque os stories têm uma proposta diferente: mostrar os bastidores do dia a dia de forma rápida, fácil e despretensiosa. É sobre a vida real acontecendo em tempo real.

E é exatamente nesse tom mais pessoal, íntimo e "nos bastidores" que os stories encontram seu poder. As pessoas amam espiar um pouquinho da rotina real por trás das fotos perfeitas.

Portanto, invista em compartilhar pequenos momentos, pensamentos, projetos não filtrados, reações genuínas... Mostre sem medo seu lifestyle real nas entrelinhas dos conteúdos mais trabalhados.

Mas claro que alguns cuidados básicos são importantes, como iluminação minimamente decente, enquadramento legal e estabilidade nas filmagens. Não precisa ser perfeito, mas transmita a sensação de alguém se importando em fazer um conteúdo bacana.

Agora que você já entendeu a proposta geral, vem comigo conferir algumas dicas para garantir ainda mais engajamento nessa ferramenta:

Foque na constância

Sim, conteúdos elaborados com muita produção são legais. Mas nada substitui a constância para engajar seu público nos stories. Não adianta fazer um negócio maravilhoso uma vez por mês.

O objetivo aqui é justamente fazer parte do dia a dia das pessoas. Portanto, se programe para compartilhar alguma coisinha diariamente. Nem que seja só uns minutos mostrando um pouco dos bastidores da sua rotina ou eventos do seu dia.

Claro que não é preciso exagerar. De 10 a 15 stories por semana já são o suficiente para manter as pessoas interessadas sem incomodar. Contanto que sejam frequentes, mostrando um estilo de vida coerente com a proposta do seu perfil.

Explore os stickers divertidos

Uma característica bem legal dos stories é a possibilidade de customizá-los com adesivos interativos divertidos, indo além da tradicional foto/vídeo.

Você tem opções como enquetes, perguntas, quiz, contagem regressiva... elementos que incentivam a galera a não só assistir passivamente, mas também interagir com o seu conteúdo de alguma forma.

Isso é ótimo porque aumenta o engajamento e sinergia com seus seguidores. Além de tornar a experiência no stories mais gamificada e divertida. As pessoas literalmente viram fãs dos seus games!

Portanto, abuse dos stickers toda vez que puder para sair do trivial. Mas cuidado para não encher tanto que polua a visualização. O equilíbrio é importante para não tumultuar seu storytelling.

Capriche nas transições

Para os vídeos nos stories, além da preocupação com enredo e engajamento, também vale investir em transições elegantes entre as cenas para causar ainda mais impacto visual.

O Instagram disponibiliza dezenas de efeitos de transição entre os trechos dos seus vídeos nos stories. Eles elevam a qualidade das imagens automaticamente.

Algumas transições legais são a fusão, que junta uma imagem na outra, o zoom, onde você aproxima o novo frame, e o spin, um giro estiloso rumo à próxima cena.

Teste e abuse desses efeitinhos. Eles trazem modernidade às suas imagens nos stories e prendem mais a atenção com algo sempre se renovando. Só evite exageros, viu? Menos é mais também nesse quesito.

Salve os melhores nos destaques

Para os stories muito especiais que geram resultados excepcionais de engajamento, uma excelente dica é salvá-los na pasta destaques do seu perfil.

Essa pasta funciona exatamente como uma seleção do "melhor do seu storie" para quem entra lá. São os conteúdos mais importantes, divertidos e interessantes, fáceis de encontrar.

Isso permite que antigos e novos seguidores possam descobrir grandes stories antigos que deixaram de ver. Além de comunicar quais você mesma considera seus melhores momentos por lá.

Portanto, sempre de olho nos analytics para pinçar quais stories performaram melhor e merecem um espacinho cativo nos seus destaques. Isso turbina resultados no longo prazo.

Reels: o show de entretenimento do Instagram

E agora que você já dominou todos os truques para arrasar nos stories, que tal conferir a outra estrela em ascensão dos últimos tempos por aqui: os reels?

Pra quem não sabe, os reels são nada menos que vídeos verticais curtinhos muito parecidos com os famosos vídeos do TikTok. É sobre ser criativo, divertido e viral em 15 segundos.

Se você acha que o rádio é uma
mídia ultrapassada ou irrelevante,
você está enganado. O rádio
é uma mídia poderosa.

A proposta é justamente criar conteúdo de entretenimento rápido, de dar play sem pensar muito. Com dancinhas, transformações, dublagens, trends... aquele tipo de vídeo hipnotizante que não deixa dar stop.

Por mais besta que possa parecer à primeira vista, os reels são uma excelente vitrine grátis para seu trabalho no Instagram hoje em dia. A rede social tem investido pesado em difundi-los, pois percebeu seu poder de engajamento.

Portanto, mesmo que seu perfil seja mais sério e profissional, vale a pena reservar um espacinho para curtir e experimentar esse lado mais descontraído por lá. Seus seguidores vão amar conhecer esse outro lado seu!

Quer entender melhor como tirar o máximo dos reels? Então vem comigo!

Siga trends e memes

Uma dica crucial para garantir visualizações aos seus reels é nunca ser muito original, criando coisas do zero. Pelo contrário: aqui você vai seguir à risca as trends da vez.

O segredo do sucesso é identificar qual é o meme, trend, dancinha viral da vez e reproduzir a sua versão, na sua pegada. É sobre pegar carona em ideias que já fazem sucesso com seu público.

Gravar tutoriais ensinando a trend também explode. As pessoas querem muito entender como fazer aquele viral divertido que todo mundo tá postando!

E fique tranquila(o) quanto aos direitos autorais: desde que você acrescente algo único do seu jeito na trend dos outros, apenas reproduzindo com sua interpretação, tudo certo !

Teste todos os efeitos

Assim como nos stories, nos reels você também conta com dezenas de efeitos visuais e sonoros para deixar seus vídeos editados com cara de produção profissional.

Teste desde filtros que modificam a estética das imagens até trilhas divertidas, memes e efeitos sonoros para dobrar, remixar... Enfim, abuse daquelas possibilidades para turbinar ao máximo a qualidade do seu conteúdo.

Quanto mais editadinho e com "cara de produção", maior tendência a se tornar um sucesso viral. Por isso, não tenha vergonha de exagerar nos efeitos! Treine as possibilidades até dominar as melhores para seu nicho.

Multiplique para o feed

Depois de ter um resultado excepcional com algum reel, uma ótima dica é adaptar parte dele para uma versão feed. Ou seja: poste um pedacinho ou screenshots apelativos na diagonal como conteúdo destacado.

Assim você direciona para o reel completo aqueles que curtiram apenas um trechinho das suas maluquices por lá. Além de garantir que seu público que não explora tanto os reels também possa conferir o que anda aprontando nesse universo.

Essa é uma excelente estratégia de redirecionamento de tráfego, garantindo visualizações extras para os seus reels bombados. Então abuse desse formato!

Monitore o que funciona

Para melhorar a qualidade e assertividade dos seus reels com tempo, é essencial prestar atenção no que funciona ou não. Acompanhe de perto as visualizações, saves e compartilhamentos de cada um.

Perceba os detalhes dos reels mais populares: quais efeitos usou, qual trilha, qual meme... Quanto tempo têm em média os que mais agradam seu público?

Esses insights são cruciais para que você consiga estudar as tendências e preferências dos seus seguidores a respeito dos reels. Novos vídeos terão cada vez mais chances de sucesso.

Convide seguidores para interagir

Por fim, assim como falamos com os stories, vale aproveitar os recursos dos reels para incentivar a interação com seus seguidores neles também.

Você pode pedir para marcar amigos nos comentários, responder enquetes, replicar algum meme ou dancinha... Enfim, turbinar seu engajamento pedindo alguma ação deles.

Quanto mais conseguir envolvê-los na brincadeira, maiores as chances desse reel tão divertido sair bombardeando de tão compartilhado. Então abuse da criatividade para engajar!

Bom, chegamos ao final deste capítulo com o passo a passo definitivo para você arrasar em engajamento tanto nos stories quanto nos reels. Agora é só colocar em prática!

No próximo capítulo do nosso livro, ensinarei tudo sobre como construir uma audiência sólida e engajada para todo esse show de criatividade que você vai esbanjar por aqui. Portanto, não perca! Até lá :)

CONSTRUINDO SUA AUDIÊNCIA

Chegamos a uma parte crucial da nossa jornada pelo Instagram: como fazer seu perfil crescer e ganhar o máximo de seguidores relevantes possível? Afinal, por mais incríveis que sejam seus conteúdos, eles precisam encontrar seu público-alvo primeiro.

Portanto, neste capítulo, vamos focar especificamente em estratégias para construir sua audiência e aumentar seus números de seguidores de forma orgânica. Veremos as melhores táticas para ser encontrado por pessoas realmente interessadas no seu nicho temático.

Quanto mais pessoas certas você atrair, maior será o engajamento e alcance naturalmente. Então trate este capítulo como seu guia definitivo para turbinar seus seguidores! Vamos nessa?

Comece por seus amigos e contatos

O primeiro passo para uma boa estratégia de crescimento de seguidores é, muito provavelmente, o mais negligenciado, mesmo sendo extremamente valioso: comece por aqueles que já formam seu círculo íntimo.

Falamos da sua turma de longa data, colegas de trabalho, familiares e ex-colegas de escola. Aquele grupinho de pessoas que você já conhece previamente.

Você com certeza possui dezenas, senão centenas, de pessoas que já conheceu na vida real e poderiam estar te seguindo no Instagram, mas simplesmente ignoram esse fato.

E aí está a dica preciosa: em seu dia a dia, junte contatos interessantes e solicite que eles te sigam lá. Pergunte se já notaram seu Instagram, conte sobre os posts legais, facilite o ato de te encontrar.

Com essa base de apoio, você já começa com números mais sólidos, além de poder contar com compartilhamento próximo nas suas publicações. Portanto, não menospreze essa turma no convencimento inicial.

Compartilhe seu perfil em todas as redes

Após ganhar um empurrão inicial dos seus contatos mais próximos, chegou a hora de recorrer ao marketing nas outras redes sociais disponíveis também para propagar seu Instagram.

- **Facebook:** Mantenha seu perfil pessoal e sua página profissional sempre linkando seu endereço no Instagram na descrição. Compartilhe sistematicamente os destaques das suas novas publicações, direcionando o público daqui para lá.

- **YouTube:** Inclua seu link do Instagram nos vídeos, nos cards finais e na sua descrição do canal. Construa playlists especiais com clipes de seus destaques no Instagram.

- **TikTok:** Coloque seu arroba (@usuario-do-instagram) do Instagram na bio e compartilhe memes divertidos por lá sobre seus conteúdos no Instagram. Incentive seguidores de lá a acompanharem tudo por lá.

- **Twitter:** Ative para que todos os seus tweets apareçam automaticamente como stories no Instagram. Sempre reforce seu usuário do Instagram nas publicações

- **LinkedIn:** Compartilhe algumas das suas dicas profissionais do seu perfil no Instagram via artigos longos no LinkedIn. Assine como @usuario-do-instagram para marcar seu território.

Aproveite conversões de outras redes conforme for acumulando seguidores em cada uma delas e canalize fluxo constante para o seu Instagram. Esse cross-promotion orgânico funciona maravilhas e custa zero!

Defina sua persona e voz nas publicações

Paralelo à divulgação massiva do seu Instagram por todas as vias, é hora de trabalhar também seu personal branding lá dentro. Ou seja, definir qual é a sua "persona", "voz" e posicionamento exclusivo que vai aproximar seu público ideal.

Isso envolve elementos como:

- Escolher um ícone visual que lembre você (como um emoji ou desenho)

- Usar cores/marca coerentes em todas as postagens para gerar identificação rápida da sua conta pelos seguidores

- Criar uma hashtag exclusiva sua para marcar suas dicas na rede como um todo (**#Superfã102**)

- Produzir conteúdo com uma linguagem e tom de voz consistente, que traduza sua personalidade genuína na rede.

Quanto mais rápido e assertivamente as pessoas identificarem "Ah, esse post é daquela pessoa específica que eu adoro", mais fidelizadas elas serão. Portanto, cuidar desse personal branding é o que eleva seguidores para fãs.

Explore ao máximo as hashtags

E se tem algo que nunca pode faltar para aumentar seguidores no Instagram, são hashtags segmentadas corretamente exploradas no máximo de posts possível.

Para quem ainda não sabe, hashtags nada mais são do que palavras-chaves precedidas do **símbolo de #** para categorizar conteúdos sobre aquele assunto no Instagram.

Seus seguidores e o próprio algoritmo do Instagram usam hashtags para indexar os temas de cada publicação e recomendar para usuários com interesses similares.

Portanto, pesquise exaustivamente por todas as variações de temas do seu nicho para se certificar que seus posts estão cobertos com as tags certas. Isso garantirá visualização ampla por usuários que nem te conhecem ainda.

Alguns exemplos de hashtags bem segmentadas:

#streetstylemodafeminina

#lowcarbdietperdadepeso

#productdesigngraphic

Note que elas representam bem o tema da publicação de forma hipersegmentada. Abuse dessa especificidade que é a chave para ser encontrado por pessoas certas.

Poste consistentemente

Tão importante quanto encontrar novos seguidores é também não os perder ao longo do tempo. E uma das principais razões para as pessoas deixarem de seguir alguém é a falta de posts frequentes e regulares.

Afinal, quanto maior o espaço entre as suas publicações, menos o Instagram exibe elas e mais fácil delas caírem no esquecimento do seu público.

Portanto, estipule uma meta realista para o seu contexto de quantos posts semanais você consegue se comprometer. Duas ou três vezes por semana já é um bom ritmo para não cair no limbo.

E não se preocupe se estourar essa meta eventualmente e ter semanas de 4, 5 posts. O importante é não passar muito mais do que uns 10 dias sem publicar algo novo para não evaporar da mente de seus seguidores.

Mantenha uma sequência visual agradável

Além da regularidade em quantidades de posts, também foque em manter certa coerência estética e qualidade mínima nas suas publicações com o tempo.

É muito comum ver perfis que começam lindos, com feed todo no mesmo humor, mas depois de meses acabam virando um amontoado aleatório de fotos com elementos visuais conflitantes.

Para evitar que isso afugente seus seguidores, invista tempo editando para manter certa harmonia visual. Faça ajustes de cor, contraste ou aplique filtros para ter uma sequência agradável e profissional.

Ferramentas de planejamento de feed como o **Preview** ou **UNUM** podem te ajudar nisso, criando uma visualização do conjunto das postagens para você organizar quando necessário.

O objetivo não é ter um feed fake nem chato. Mas sim prezar por uma "curadoria visual" que dê prazer em navegar pelo seu trabalho. Isso cativa qualquer novo visitante a querer seguir você.

Abuse dos destaques

Para facilitar novos seguidores a descobrirem o melhor do seu trabalho rapidamente, abuse da função destaques do Instagram.

Os destaques são imagens de capa que ficam no topo do seu perfil, abaixo da foto e bio, mostrando uma prévia atraente dos seus melhores posts já de cara (já falamos deles no começo).

Portanto, selecione cuidadosamente verdadeiras pérolas entre suas centenas de publicações no feed e exponha ali. É a sua vitrine das glórias passadas!

Não deixe de atualizar com novas produções de tempos em tempos também. Assim você comunica aos novos visitantes que seu trabalho mais primoroso segue em alta e vale a pena seguir.

Estimule um senso de comunidade

O primeiro passo é entender que engajamento sólido vai muito além de só publicar conteúdos atraentes. É sobre gerar um senso de comunidade e pertencimento entre seus seguidores.

Isso significa incentivar um ambiente onde as pessoas se sintam à vontade para compartilhar experiências, tirar dúvidas e se conectar umas com as outras através do seu nicho temático.

Portanto, além de dicas e tutoriais, também estimule conversas, debates, conteúdos gerados pelos seguidores e outras formas das pessoas trocarem entre si nos comentários e stories.

Seja você um facilitador desse networking fluido em torno dos seus posts. Responda dúvidas, estimule amigos a marcarem colegas afins, compartilhe conteúdos de seguidores... Enfim, aproxime as pessoas!

Crie um grupo ou canal paralelo

Para levar esse senso de comunidade a outro nível, uma ótima ideia é criar um grupo ou canal paralelo fora do Instagram para discussões mais aprofundadas.

WhatsApp, Telegram, Discord, Facebook Groups... todas são alternativas válidas para gerar esse espaço extra onde debates verdadeiramente enriquecedores possam fluir.

Claro que apenas reforçamos a importância de manter seu Instagram sempre como hub central e vitrine mais abrangente. Mas contar com um grupo de discussões focadas vai potencializar os relacionamentos.

O legal desses canais paralelos é permitir trocas mais rápidas, conversas fora do tópico e até networking entre os membros. Funções que o Instagram não cumpre tão bem.

Crie um programa de embaixadores

E falando em aumentar relacionamentos próximos com seus seguidores VIPs, que tal criar um programa de "embaixadores" da sua marca pessoal?

Funciona assim: você seleciona seus seguidores mais engajados e fidelizados para formar um time exclusivo de fãs. Eles se tornam seus embaixadores, você envia produtos exclusivos em troca de ainda mais divulgação boca-a-boca.

É uma forma linda de recompensar membros valiosos da sua comunidade, além de transformá-los em promotores 24h do seu trabalho por aí. Ganha-ganha!

Para escolher embaixadores potenciais, fique de olho em quem mais comenta, compartilha suas coisas e genuinamente parece entusiasmado com você. Chame essas pessoas especiais para esse programa VIP.

Lance desafios com prêmios

Falando em maneiras de estimular engajamento entre seus seguidores, lançar desafios frequentes com recompensas é infalível!

Pode ser um concurso para ver quem indicar mais amigos, um quiz temático sobre algum assunto ou até mesmo uma competição para escolher a melhor foto dos seguidores sobre algum tema.

O incentivo de receber uma possível recompensa (ou só status de destaque no seu perfil) costuma funcionar super bem para aumentar interações de forma saudável e divertida.

Com esses desafios, além de incentivar curtidas e comentários, você também obtém conteúdo gratuito gerado pelos seguidores para compartilhar depois. Tudo de bom, né?

Crie easter eggs

Outro ponto importante para engajamento é recompensar seguidores assíduos que prestam bem atenção nos seus conteúdos com "easter eggs".

Ou seja: esconda propositalmente algumas referências, citações específicas e brincadeiras bem obscuras em meio aos seus posts e stories para ver quem descobre.

Isso estimula seus seguidores a consumirem tudo que você posta com mais atenção, afinal ninguém vai querer perseguir os próximos "easter eggs" que você esconder por aí.

Uma dica é fazer essas referências com algum padrão: por exemplo, sempre nas quintas-feiras ou nos conteúdos com alguma hashtag específica sua #pequenosegredo. Assim fica mais divertido ainda!

Compartilhe outros perfis

Claro que, para estreitar sua comunidade, também é essencial que você curta e compartilhe não só o seu próprio conteúdo o tempo todo. Mostre amor por outros membros!

Portanto, interaja muito com seus seguidores na seção de comentários e compartilhe fotos ou stories de perfis parceiros que você gostaria de recomendar para a galera.

Isso passa a imagem de uma pessoa parceira, sem egocentrismo, que realmente promove sua área como um todo. Resultado? Credibilidade e intimidade multiplicadas com seus seguidores.

Organize encontros presenciais

E falando em aumentar intimidade com seu público, que tal finalmente partirem para o offline e marcarem encontros presenciais de networking? Nada como conexões frente a frente.

Pode ser desde um workshop intimista até um mega evento como uma Comic-Con ou Paris Fashion Week. O formato depende muito do seu nicho e recursos disponíveis.

O legal desses encontros presenciais é unir de vez a sua comunidade virtual em novos amigos na vida real. As conversas fluirão com muito mais natureza e novos projetos podem surgir.

Portanto, se você já conquistou uma audiência sólida, comece aos poucos a "materializar" esse carinho todo em pessoas reais, com encontros no mundo físico. Sucesso garantido!

E aí, gostou das dicas para engajar sua audiência e consolidar os novos seguidores em fãs verdadeiros do seu trabalho? Espero que tenha anotado bastante inspiração!

Continue acompanhando o livro para mais ensinamentos valiosos sobre como dominar de vez sua presença no Instagram. O céu é o limite! Até o próximo capítulo.

DESVENDANDO OS HASHTAGS

Chegamos a outro elemento crucial para fazer seu perfil decolar no Instagram: as hashtags. Não se engane com o aspecto inocente dos símbolos de #. Quando usadas corretamente, elas possuem grande poder para atrair novos seguidores.

Por isso revelarei tudo sobre esse item curioso: para que servem exatamente, qual a melhor estratégia de uso, quantidade ideal e muito mais!

Portanto, se você ainda não explora esse recurso (ou acha que está usando errado), não deixe de acompanhar esse guia completo para dominar de vez as melhores formas de usar as hashtags a seu favor. Preparado? Então bora lá!

Entenda exatamente a função das hashtags

Antes de partir para quantidade de hashtags ou usos criativos, é importante você entender exatamente o que são e para que servem essas tais tags. A função delas é basicamente categorizar publicações por assuntos dentro do Instagram.

Quando você adiciona tags como #streetstyle, #maquiagemrealista ou #lowcarb ali na legenda ou nos comentários, está classificando aquele conteúdo dentro dessas categorias.

Assim, quando alguém clica em alguma dessas tags específicas para explorar, o seu post pode aparecer junto daqueles conteúdos similares a ele. É isso!

Portanto, quanto mais você estudar tags segmentadas por assunto e garantir que seus posts estão cobertos por elas, maiores serão suas chances de aparecer para pessoas interessadas naqueles temas. Fácil né?

Agora que a função ficou clara, vamos às melhores estratégias de uso.

Entenda bem seu nicho temático

Antes mesmo de sair colocando um monte de hashtags aleatórias, é importante ter absoluta clareza sobre seu nicho e temas dos seus conteúdos no Instagram.

Afinal, para escolher tags coerentes, você precisa saber exatamente quais os principais assuntos, subtemas, variações, tribos e termos associados ao seu trabalho por lá.

Estude profundamente cada palavra-chave relevante e como seus posts se encaixam nelas. Isso garante assertividade total na hora de categorizar suas publicações e ser encontrado pelo público perfeito depois.

Se seu nicho ainda não estiver bem definido, fique uns dias apenas observando perfis de sucesso: quais temas eles tratam exaustivamente? Que terminologia aparece sempre? Absorva ao máximo esses aprendizados antes de sair usando hashtags sem rumo.

Use a metade do limite permitido

Atualmente o Instagram permite usar até 30 hashtags por post sem que elas fiquem ocultas. Embora possa parecer tentador explorar todas, meu conselho é: vá com calma.

Geralmente de 10 a 15 já são mais do que suficiente para seus posts alcançarem bom ranking em tags menores, porém estratégicas. Além disso, textos gigantes com 30 hashtags ficam poluídos demais.

Lembre-se: hashtag é um meio, não um fim. Seu objetivo com elas é categorizar seu conteúdo de forma inteligente para atrair pessoas certas, não inflar contagens. Portanto, foque na qualidade acima de quantidade sempre.

Segmente o máximo possível

Falando em qualidade, uma regra de ouro com hashtags é: quanto mais segmentadas, melhor. Evite tags genéricas como simplesmente #moda ou #maquiagem. Elas competem com milhões de posts.

No lugar, abuse de especificações, subnichos, variações de tema o máximo que puder. Por exemplo: #streetstylemodafeminina #maquiagemdiadacor #lowcarbrecipes... captou a ideia?

No início pode parecer que essas tags limitam seu alcance por serem tão específicas. Mas é exatamente essa segmentação que permite seus posts aparecerem em primeiro lugar nelas, gerando ótimas visualizações com pessoas realmente interessadas.

Inclua variações e singulares/plurais

E já que estamos falando em sinônimos e variações, além dos plurais/singulares, tudo isso deve ser incluído em seus grupos de hashtags para garantir que suas publicações sejam indexadas em todas as possibilidades dentro de um tema.

Por exemplo, se seu conteúdo é sobre maquiagem, alguns conjuntos legais seriam:

#makeup #maquiagem #maquiador #maquiadora #yumakeup #makeuptutorial #tutorialdemaquiagem

Repare que temos tudo: do termo em inglês aos plurais/singulares, além de palavras associadas como maquiador(a), make e afins. Abuse dessas variações para seus posts serem encontrados nas buscas.

Inclua hashtags populares também

E nem só de hashtags hipersegmentadas vive o sucesso no Instagram. Algumas tags mais abrangentes e populares também são importantes para garantir uma visibilidade extra para os seus conteúdos por lá.

Portanto, na sua lista de 10 a 15 hashtags, sempre deixe umas 2 vagas para essas mega tags, como #tbt #instagood #love #fashion #beauty #photooftheday ... Essas sempre rendem um alcance legal.

Claro que tem pouco efeito para atrair seguidores realmente interessados no seu nicho. Mas para posts mais casuais e lifestyle, vale explorar esse potencial de alcance gratuito que elas proporcionam.

Teste hashtags de seus concorrentes

Outra dica valiosa é sempre conferir quais hashtags a concorrência — ou seja, perfis do seu mesmo nicho — vem usando com frequência e bons resultados.

Às vezes nem passou pela sua cabeça algum outro termo ou categoria importante que todo mundo vem marcando menos você. Então fique esperto nessas hashtags que fazem sucesso dentro do seu mercado também.

Pode ser algum meme, trend do momento ou tag criada pela comunidade... essas oportunidades você precisa agarrar para não ficar de fora das discussões do seu nicho. Portanto, sempre benchmark!

Teste, monitore, refine

E por falar em testes, é claro que encontrar a combinação perfeita de hashtags desde o começo é difícil. Trata-se de um processo. Você vai tendo insights, testando uniões de tags, vendo resultados...

Portanto, não tenha medo de ousar em suas primeiras tentativas até cravar uma lista personalizada poderosa para os seus conteúdos.

Algumas métricas para monitorar resultados: impressões nas hashtags, engajamento do post e seguidores conquistados. Veja o que funciona melhor e ajuste suas listas para potencializar essas tags promissoras.

Evite apenas copiar listas prontas da internet, ok? O segredo é encontrar a combinação especial para a sua proposta e estilo únicos de postagem.

Participação em desafios e tendências

Já dominamos os principais segredos por trás do uso estratégico de hashtags. Agora é hora de aprender uma função especial desse recurso: a participação em desafios e tendências específicas do Instagram.

Acompanhar o que está bombando na rede e agir rápido para surfar essas ondas virais é uma tática infalível para ganhar engajamento e atenção para o seu trabalho por lá.

Portanto, neste capítulo, vamos focar nessas preciosas oportunidades escondidas em memes, trends, os famosos desafios e outras loucuras passageiras do Instagram. Quer se tornar um expert em pegar carona nessas manias? Então vem comigo!

Entenda bem o que são essas tendências

Antes de mais nada, vamos entender exatamente o que são essas tais "tendências" dentro do Instagram: são memes, desafios, trendings topics e outras ondas virais passageiras com muito apelo junto aos usuários.

Elas costumam surgir de forma relativamente orgânica: algum usuário tem uma ideia mirabolante, compartilha usando uma hashtag específica e, quando percebe, aquilo se espalhou como fogo por todas as redes sociais.

É o famoso efeito bola de neve: rapidamente centenas de milhares de pessoas estão replicando a brincadeira por aí usando a mesma tag criada pelo autor original.

Essas tendências geralmente duram alguns dias ou semanas no máximo, dominando posts, stories e afins nesse primeiro momento de frenesi antes de morrerem de vez.

Identifique quais estão bombando no momento

Justamente por terem um ciclo curto de vida, é importante que você fique ligado o tempo todo sobre o que mais estão falando no Instagram naquele momento para poder aproveitar a onda.

Algumas formas de identificar tendências em alta são:

- Conferindo hashtags e memes nos Trending Topics;

- Vendo o que influencers estão postando no feed e nos stories;

- Conversando com amigos e perguntando se já viram X ou Y;

- Explorando hashtags virais em tempo real nos Top Posts;

- Chegando no explore e vendo os tipos de vídeo e fotos que mais repetem

A parte mais difícil é justamente filtrar centenas de bobagens passageiras e identificar 1 ou 2 tendências de fato hypáveis naquele momento para você investir tempo. Precisa estar antenado!

Monitore seu público

Mas claro que não adianta sair fazendo qualquer desafio aleatório só porque tá bombando, né? Tem que ver o que faz sentido com seu nicho, estilo e público antes.

Portanto, quando encontrar um meme ou tag em alta legalzinha, avalie se ela conversa com o que seus seguidores curtem e esperam ver de você lá no perfil.

Por exemplo, se você é uma marca de alimentos fitness, um desafio de dancinha genérica não tem nada a ver. Mas se for algo como "Coma vegetais por 1 semana", aí vale a pena agarrar e adaptar com sua proposta.

Ou seja, filtre o que é realmente relevante paras as pessoas que já te acompanham antes de usar só como desculpa para algo fora do seu contexto habitual sem nenhuma conexão com sua base de fãs.

Adapte a tendência com sua identidade

Beleza, você identificou uma tendência legal que faz sentido para os seus seguidores. Antes de sair copiando igual todo mundo, agora é a hora de adaptá-la para a sua identidade única de marca ou pessoa influente.

Dê um toque pessoal na sua versão do meme ou desafio escolhido. Customize para algo que só você poderia fazer igual daquele jeito, usando seu estilo próprio inconfundível.

Por exemplo, quem acompanha a Beyoncé espera um nível de produção mais épico e glamoroso até para a trend mais simples. Já de uma marca descontraída tipo Red Bull, o público quer ver muito mais ousadia e adrenalina. Entendeu a ideia?

Mostre sua personalidade no seu "remake" daquela tendência genérica que todo mundo está fazendo por aí. Assim você se destaca.

Crie seus próprios desafios também

E além de apenas participar de tendências já criadas por outros, saiba que você também pode (e deve) lançar suas próprias sementes virais propositadamente.

Pense em desafios, memes e diálogos instigantes para seus seguidores que ninguém ainda começou. Use sua criatividade sem limites!

Algumas ideias de pontapés para sua hashtag desafiante viral:

#NomeDaSuaMarca1DiaSemAçúcar

#TopoDeSemanaNomeDaSuaMarca

#BrotherMaisGatoChallenge

#SeguidorMaisAntigo

Repare que eles carregam sua identidade como marca criadora da trend (condição essencial, aliás), além de cutucarem dores e desejos comuns do seu público.

Divulgue amplamente

Prontinho, você já identificou uma tendência legal, adaptou para a sua proposta única e até criou seus próprios desafios exclusivos. Agora chegou a hora de espalhar isso para transformar em viral rapidinho.

Para potencializar ao máximo os resultados, abuse de todas as suas redes sociais para divulgar seu vídeo ou foto usando aquela hashtag ou tag especial da vez.

No seu Instagram, marque pessoas nos comentários para gerar tráfego cruzado. Peça nos stories que compartilhem seu post no maior número de grupos possíveis.

E não se esqueça das outras redes: divulgue o link no Twitter, TikTok, WhatsApp status, grupo de amigos... use sua criatividade!

Quanto mais pessoas participando com a sua hashtag desde o começo, mais chances dela de fato bomba e trazer milhares de visualizações para o seu perfil por tabela.

Acompanhe resultados

E por falar em visualizações, claro que durante sua empreitada viral é importante monitorar analíticos para ver se realmente está dando certo. Afinal, nem toda hashtag pega.

Portanto, mesmo depois de divulgar por todos os lados, ainda dedique uma atenção especial para ver como ela está repercutindo:

- O número de posts com aquela tag está aumentando? Ela já aparece nos Trends?

- Seus amigos/seguidores estão replicando depois que viram você fazer?

- Os posts estão ganhando muitos likes e comentários até agora?

- Novas pessoas estão te marcando e falando daquela hashtag?

Esses sinais mostram se sua aposta naquela onda está com potencial mesmo de vingar e não ser só mais uma tag aleatória sem atenção. Caso contrário, recomendo mudar de estratégia e deixar quieto para não se desgastar.

Continue inovando

Por fim, lembre-se que a chave do sucesso é nunca repetir a mesma coisa que já funcionou no passado ao extremo. Se você criou uma hashtag poderosa num mês, no outro precisa já preparar outra.

Mantenha esse ciclo de detectar a próxima febre passageira do Instagram e pular junto com uma proposta nova e exclusiva sempre. Assim você se torna referência, pois as pessoas esperam ansiosas para ver o que você vai inventar na próxima vez.

Portanto, continue antenado 24/7 no que mais ganha força por lá e prepare suas próprias versões melhoradas para surfar essas ondas virais constantes. Siga as dicas deste guia e prepare-se para ver seu engajamento nas alturas!

Bom, esse foi um guia abrangente sobre como aproveitar ao máximo os desafios e tendências do Instagram para bombarem seu perfil. Mas ainda tem muito conteúdo pela frente! Continue acompanhando. Até o próximo capítulo!

A MAGIA DOS STORIES

Os stories têm se tornado uma parte essencial das estratégias de marketing de mídia social para empresas e influenciadores. Histórias curtas e envolventes que aparecem nos feeds do Instagram, Facebook, Snapchat e outras plataformas são uma maneira altamente eficaz de se conectar com o público e impulsionar o engajamento.

Mas o que torna algumas histórias virais, enquanto outras passam despercebidas?

Contar histórias sempre foi uma parte fundamental da experiência humana. Desde os primórdios, reuníamos em volta da fogueira para compartilhar histórias e nos conectar. Os mesmos princípios se aplicam ao storytelling digital de hoje.

Uma história envolvente precisa de alguns elementos-chave:

- **Personagens interessantes** - As pessoas se conectam com outras pessoas, então você precisa de um protagonista com quem seu público possa se identificar.

- **Conflito ou desafio** - Há uma questão a ser resolvida ou objetivo a ser alcançado que mantém as pessoas envolvidas na história.

- **Emoção** - As melhores histórias tocam nossas emoções e valores mais profundos.

- **Revelações ou momentos de descoberta** - Novas informações ou insights são revelados para manter o público curioso.

- **Resolução ou conclusão** - Há um senso de conclusão ou de "viveram felizes para sempre" que deixa as pessoas satisfeitas.

Aplique esses elementos ao contar suas histórias e elas se tornarão muito mais envolventes e compartilháveis.

Encontre seu ponto de vista único

Em um oceano de conteúdo, é crucial encontrar um ângulo ou perspectiva única para se destacar. As histórias de sucesso encontram uma maneira nova e criativa de abordar um tópico familiar.

Por exemplo, em vez de simplesmente mostrar o produto que você está vendendo, conte a história de como você o criou. Compartilhe os altos e baixos, os momentos de inspiração e as lições aprendidas no caminho.

Ou encontre uma conexão emotiva - como superar obstáculos, realizar sonhos ou fazer uma diferença positiva no mundo. Isso ajuda a transcender o comercialismo puro e tocar o coração das pessoas.

Ao compartilhar insights exclusivos com autenticidade e vulnerabilidade, você se conecta em um nível mais profundo.

Use elementos visuais impactantes

Vídeos e fotos bonitos, de alta qualidade, são absolutamente vitais para prender a atenção numa era de feeds de mídia social sobrecarregados com conteúdo.

Alguns conselhos para melhorar o aspecto visual de suas histórias:

- Use ângulos de câmera não convencionais - fotos de cima para baixo, objetos próximos em primeiro plano.

- Edite suas fotos e vídeos com filtros e textos para criar um visual distinto.

- Use imagens visualmente ricas e cores vibrantes.

- Integre GIFs ou pequenos trechos de vídeo para adicionar movimento.

- Seja coeso na edição - combine fotos e vídeos para contar uma história clara.

- Certifique-se de que qualquer texto adicional seja facilmente legível no aplicativo.

Melhorar a qualidade visual e a edição dará mais impacto às suas histórias, tornando-as mais memoráveis e compartilháveis para suas audiências.

Crie momentos "instagramáveis"

Uma tendência única que vem dos ambientes físicos é a criação de momentos especificamente concebidos para serem compartilhados nas mídias sociais - os chamados momentos "instagramáveis".

Isso poderia significar uma peça de arte colorida, uma instalação interativa ou até mesmo um cenário temático temporário. A chave é que eles são visivelmente impressionantes e criados para as pessoas tirarem fotos para postar.

Marcas e empresas podem usar a mesma estratégia criando momentos fotogênicos para gerar conteúdo de mídia social. Por exemplo, um café decorado com motivos florais extravagantes ou uma loja de roupas com um espelho gigante em forma de coração e luzes coloridas.

Esses momentos divertidos e altamente compartilháveis farão com que seu público promova sua marca organicamente em suas próprias mídias sociais.

Lembre-se do fator diversão

Por último, mas não menos importante, muitas vezes nos esquecemos que as mídias sociais, no final das contas, devem ser divertidas. Se você não estiver se divertindo criando o conteúdo, provavelmente seu público não vai se divertir consumindo-o.

Então, acrescente um toque de humor e leveza às suas histórias. Faça algo inesperado e bobo às vezes apenas pelo choque ou diversão. Crie desafios que as pessoas possam replicar e marcar seus amigos.

O entretenimento puro é extremamente viralizável nas mídias sociais. Portanto, não tenha medo de pensar fora da caixa para surpreender e deleitar seu público. Uma pitada de diversão fará com que suas histórias se destaquem e sejam lembradas.

Criar stories envolventes que viralizam requer alguns elementos-chave: personagens fortes, conflitos emotivos, belas imagens, ângulos únicos e muito entretenimento. Use esses princípios do storytelling como base, mas também não tenha medo de experimentar formas novas e ousadas de contar suas histórias.

Ao final do dia, compartilhar momentos autênticos e conexões genuínas é o que realmente importa - e isso não pode ser fabricado. Portanto, concentre-se em tocar o coração e imaginar seus seguidores e, com o tempo, você desenvolverá o próprio estilo de narrativa que ressoa com suas audiências. Ao dominar a arte dos stories digitais, você abrirá um mundo de engajamento e oportunidades ilimitadas.

Uso de recursos interativos

Os stories de mídia social evoluíram muito além de simples fotos e vídeos. Recursos interativos como enquetes, perguntas, menus de navegação e muito mais tornaram as histórias digitais mais envolventes e divertidas do que nunca.

Veremos como tirar o máximo proveito desses recursos interativos para criar stories cativantes que fisgam seu público, incentivam compartilhamentos e impulsionam resultados. Vamos mergulhar!

Enquetes

As enquetes dão às pessoas uma forma rápida e fácil de interagir com sua história e serem ouvidas. Elas são ótimas para fazer perguntas, saber a opinião do público sobre algo ou apenas deixá-los votar em opções divertidas.

Algumas dicas para otimizar o uso de enquetes:

- Faça perguntas específicas e diretas, não vagas demais.

- Limite as opções de voto para 2-4 para manter simples.

- Use os resultados das enquetes para orientar decisões, criar conteúdo novo, etc.

- Compartilhe os resultados em histórias futuras para gerar curiosidade.

As enquetes dão um senso de propriedade e envolvimento com sua audiência. Use-as regularmente para manter as pessoas interessadas e interagindo.

Perguntas

Outra excelente maneira de tornar suas histórias mais conversacionais é adicionar uma caixa de perguntas ou sticker "Perguntas". Isso permite que as pessoas enviem suas dúvidas ou perguntas, às quais você pode responder posteriormente.

Isso ajuda a:

- Construir relacionamento respondendo pessoalmente

- Entender o que seu público quer saber

- Gerar ideias para futuro conteúdo

- Humanizar sua marca

Reserve um tempo a cada semana para verificar e responder perguntas. Salve as boas ideias para transformar em stories ou outros formatos depois. Quantos mais seguidores você responder diretamente, mais eles se envolverão.

Menus de navegação

Os menus de navegação permitem que você vincule uma série de stories relacionados com botões de navegação na parte inferior para que as pessoas possam facilmente pular de uma parte para outra.

Isso mantém o público envolvido por mais tempo e permite contar histórias maiores ou mais complexas.

Alguns usos criativos de menus de navegação:

- Mini documentários ou vídeos seriados

- Tutoriais multipartes

- Opções "escolha sua própria aventura"

- Contos interativos

Pense em maneiras de usar a navegação para criar uma experiência imersiva que permita que as pessoas interajam com sua história de formas novas.

Filtros e efeitos

Filtros de câmera e efeitos visuais são uma forma divertida e criativa de contar histórias. Alguns favoritos que valem a pena tentar incluem:

- Filtros com temas (natal, Halloween, etc.)

- Máscaras faciais animadas

- Efeitos slow-motion ou timelapse

- Textos criativos e GIFs

- Desenhos à mão e rabiscos

Não tenha medo de experimentar e permitir que sua audiência veja seu lado mais divertido ou criativo. Histórias visuais impressionantes geram muito engajamento.

AR e Realidade Virtual

Tecnologias emergentes como realidade aumentada e VR também

estão começando a aparecer em alguns aplicativos de stories. Marcas inovadoras podem usar essas experiências imersivas para permitir que as pessoas visualizem produtos em ambientes realistas ou vivenciem aventuras como nunca antes.

Embora ainda estejam nos estágios iniciais, vale a pena ficar de olho nessas tecnologias. Elas logo se tornarão mainstream e alterarão fundamentalmente a maneira como contamos histórias digitais. Ser pioneiro agora lhe dará uma vantagem.

Hangouts ao vivo

Transmitir ao vivo em suas histórias é outra excelente maneira de criar uma conexão em tempo real com seu público. Você pode usar lives para:

- Responder perguntas

- Compartilhar notícias quentes do momento

- Mostrar os bastidores de um evento

- Fazer anúncios especiais ou revelações

Ter seguidores participando e reagindo em tempo real cria emoção e boa vontade imbatíveis. Use lives com frequência para momentos especiais que você deseja que seus fãs experimentem conosco.

A interatividade está redefinindo as histórias de mídia social e eliminando a barreira entre criadores e audiência. Ao incorporar recursos como enquetes, perguntas e transmissões ao vivo, você transforma seguidores passivos em participantes ativos.

Isso leva a níveis mais profundos de engajamento, lealdade à marca e conexões genuínas entre você e seu público. Portanto, não tenha medo de pensar além do storytelling linear. Abrace as possibilidades expansivas da narrativa interativa.

No próximo capítulo, compartilharei as melhores práticas para projetar anúncios que chamem a atenção, gerem interesse e levem as pessoas à ação. Veremos como definir objetivos SMART, criar promessas irresistíveis, escolher formatos certos, personalizar mensagens, encontrar seu público e garantir que cada centavo de anúncio gere o máximo retorno. Até o próximo capítulo.

IMPULSIONANDO COM ANÚNCIOS SIMPLES

Anúncios bem executados podem ser incrivelmente poderosos para aumentar o alcance, impulsionar o engajamento e cultivar novos clientes. No entanto, criar anúncios eficazes não é tão simples quanto parece. Requer uma estratégia sólida, mensagens direcionadas, criatividade, teste e otimização contínua.

N primeira etapa - quando se pensa em impulsionar o seu negócio -, é crucial ter 100% de clareza sobre qual resultado você deseja que seus anúncios alcancem. Anúncios vagos que simplesmente pedirem às pessoas para "saiba mais" provavelmente não terão bom desempenho. Você precisa de objetivos específicos, mensuráveis e limitados no tempo - também conhecidos como objetivos SMART.

Por exemplo:

- Gerar 300 leads qualificados em 2 meses

- Aumentar as vendas diárias em 20% em 6 semanas

- Obter 1.000 novos assinantes de newsletter neste mês

Ter objetivos SMART bem definidos desde o início lhe dá algo tangível para otimizar e a capacidade de determinar se seus anúncios estão gerando resultados.

Criando promessas irresistíveis

Com seus objetivos delineados, a próxima etapa é desenvolver uma promessa de valor convincente e exclusiva que persuada os espectadores a tomar medidas. Faça uma proposta que eles simplesmente não possam recusar.

Alguns exemplos de excelentes promessas:

- "30 dias grátis de streaming premium ilimitado"

- "Aprenda um novo idioma em apenas 30 dias".

- "10% de desconto hoje apenas em todo o site"

Sua oferta precisa resolver uma dor ou necessidade específica de seu público-alvo. Ofereça algo tentador que melhore suas vidas ou economize lhes tempo/dinheiro. Destaque a exclusividade ou urgência para incentivar a ação imediata.

Escolhendo formatos de anúncios

Plataformas como Facebook, Instagram, Google e outras oferecem uma ampla variedade de opções de formatos de anúncios: imagem/texto, carrossel, vídeo, stories, etc. Cada formato possui prós e contras.

Por exemplo, anúncios de vídeo costumam gerar mais engajamento, mas anúncios de imagem têm custos mais baixos. Histórias são mais imersivas, mas desaparecem rapidamente.

Teste vários formatos para ver qual funciona melhor para seus objetivos e audiência. Monitore métricas como CTR, CPC e custo por conversão para determinar os vencedores.

Na sequência conversaremos sobre a estratégia para os anúncios, mas você pode aprender a parte técnica dos anúncios com a própria dona do Instagram. Explore os formatos de anúncio disponíveis e aprenda a mensurar o desempenho de um anúncio no link [**clique aqui**].

Personalização da mensagem

Anúncios genéricos de "tamanho único" raramente funcionam bem. Para máxima ressonância e relevância, você precisa personalizar suas mensagens para focar nos interesses e desejos de seus clientes ideais.

Isso pode significar:

- Destacar diferentes benefícios/recursos para diferentes personas

- Usar termos específicos da indústria ou cargo

- Adaptar imagens para mostrar casos de uso reais

- Segmentar campanhas regionais com idioma/moeda local

Quanto mais relevantes seus anúncios, maior a probabilidade de conectar com cada pessoa certa, na hora certa, com a mensagem certa.

Encontrando seu público

Com conteúdo e ofertas certos, o próximo passo é microssegmentar ainda mais e descobrir os subconjuntos específicos de pessoas que provavelmente estarão altamente interessadas.

Ferramentas de público-alvo incorporadas às plataformas de anúncios tornam isso fácil, permitindo-lhe categorizar usuários com base em:

- **Demografia**: idade, gênero, renda familiar, etc.

- **Interesses**: hobbies, comportamentos de compra, intenções, etc.

- **Vida**: momento da vida como casamento, parentalidade, aposentadoria, etc.

Quanto mais estreita a segmentação, menos desperdício haverá mostrando seus anúncios às pessoas erradas. Não se esqueça de manter seu público-alvo amplo o suficiente para encontrar volume. Encontrar o equilíbrio certo é fundamental.

Rastreando resultados

Configurar corretamente o tracking e a análise é crucial para entender totalmente o desempenho de seus anúncios e identificar oportunidades de otimização.

Certifique-se de que você possa rastrear métricas como:

- Taxas de cliques, visualizações e conversões

- Custo por clique (CPC) e custo por aquisição (CPA)

- Taxas de rejeição e abandono no funil

- Tempo no site, páginas/sessão etc.

Plataformas de anúncios e analytics fornecem relatórios poderosos. Analise regularmente os números para obter insights actionáveis.

Testes A/B

Testar iterativamente diferentes versões de seus anúncios por meio de testes A/B é chave para maximizar resultados. Mesmo pequenas mudanças em elementos como headline, imagem ou texto podem ter um grande impacto em métricas.

Algumas variáveis para testar:

- Oferta/desconto

- Formato (imagem vs. vídeo)

- Tamanho do anúncio

- Call to action

- Headline

Rode testes A/B frequentemente. Em seguida, dimensione os vencedores para impulsionar ainda mais o desempenho.

Otimizando campanhas

Com base nos dados de desempenho e testes A/B, você pode otimizar campanhas de anúncios para aumentar resultados e reduzir desperdício.

Algumas estratégias de otimização poderosas:

- Aumentar o gasto em conjuntos de anúncios de alta conversão

- Pausar ou diminuir anúncios de baixa conversão

- Refinar ainda mais o público-alvo

- Atualizar anúncios fracos com melhores criativos

- Redistribuir orçamentos para canais mais eficientes

- Definir lances automáticos para otimizar em tempo real

A otimização contínua é fundamental para impulsionar melhores resultados com cada centavo gasto.

Criar anúncios verdadeiramente impactantes requer objetivos centrados, promessas irresistíveis, formatos estratégicos, mensagens personalizadas, segmentação inteligente e muito teste e otimização.

Ao seguir as etapas delineadas neste capítulo para projetar, executar e iterar em suas campanhas de anúncios, você obterá muito mais retorno sobre o investimento. Lembre-se, este não é um evento único - trata-se de um processo contínuo de melhoria. Quantos mais dados você coletar e quanto mais rápido implementar os aprendizados, melhor o desempenho será.

Portanto, está na hora de sair e aplicar essas lições ao criar seus próximos anúncios. Desejo a você muito sucesso na conexão com novos clientes e no crescimento de seus negócios através do poder dos anúncios bem executados. O céu é o limite!

Orçamento e segmentação

Definir o orçamento certo para anúncios e direcioná-los para o público-alvo preciso pode significar a diferença entre campanhas de sucesso e desperdício de dinheiro.

Ao combinar o orçamento ideal com a segmentação inteligente, você potencializará o alcance, o engajamento e as conversões de seus anúncios.

Muitas empresas simplesmente escolhem um valor fixo para gastar em anúncios mensalmente sem uma ciência por trás.

Porém, determinar seu orçamento com base na avaliação de certos fatores leva a alocações muito mais estratégicas.

Considere estes elementos ao definir seu orçamento:

- **Custo por aquisição alvo (CPA):** quanto lucro uma nova venda gera vs. quanto você pode gastar para obter clientes novos de forma rentável?

- **Competidores:** quanto concorrentes em seu espaço investem em anúncios?

- **Margens de lucro:** empresas de alta margem podem se dar ao luxo de gastar mais para escalar o crescimento.

- **Fase da empresa:** negócios em estágios iniciais podem precisar de mais financiamento para ganhar tração, enquanto empresas maduras podem ter recursos mais significativos.

- **Metas:** se você quer dobrar clientes em 6 meses, qual investimento em anúncios é necessário para viabilizar isto?

Analisando estes fatores, você pode chegar a uma faixa de orçamento mensal que faça sentido. Rastreie o retorno sobre o investimento e ajuste conforme necessário.

Definindo seu público-alvo (vamos ser chatos sobre isso, hehe)

Com o orçamento estabelecido, igualmente importante é garantir que cada centavo seja gasto falando com as pessoas CERTAS. Você não quer desperdiçar dinheiro mostrando seus anúncios amplamente para aqueles que nunca comprarão.

A solução? Microssegmentação extrema do seu público-alvo para focar exatamente em seus compradores ideais mais prováveis.

As plataformas de anúncios tornam fácil criar perfis de público-alvo hiperfocados com base em atributos como:

- Demografia

- Comportamentos

- Intenções de compra declaradas

- Interesses e hábitos

- Localização geográfica

Algumas estratégias de segmentação eficazes incluem:

- Pesquisa competitiva para entender os perfis de clientes de marcas rivais bem-sucedidas que você deseja imitar.

- Criar buyer personas detalhadas representando seus clientes ideais e então mirar em pessoas semelhantes online.

- Usar recursos de públicos similares para encontrar mais pessoas que combinam com seus melhores segmentos existentes.

- Criar listas personalizadas de públicos offline, como e-mails de clientes atuais ou leads do CRM e usá-las para direcionar anúncios.

- Testar constantemente novos públicos e permitir que as plataformas identifiquem automaticamente mais pessoas valiosas com características compartilhadas.

Quanto mais estreita a segmentação, maior a relevância, o que leva a mais cliques e conversões com menos gastos desperdiçados.

Otimizando segmentos e lances

Com seus públicos-alvo iniciais definidos, implemente um processo contínuo de otimização para refinar a segmentação e destinar os orçamentos de forma mais inteligente.

Use a inteligência das plataformas de anúncios para analisar os perfis de pessoas que realmente clicam, conversam ou compram após verem seu anúncio - então personalize os públicos para se adequar.

Remova segmentos que não estão obtendo tração suficiente e atribua novamente estes orçamentos a melhor desempenho.

Aumente os lances para públicos de alta conversão para mostrar seus anúncios para mais pessoas similares.

Defina regras automáticas, como lances mínimos e máximos por segmento, para evitar super e subvalorização.

Habilitar cortes orçamentários no nível de campanha ou conjunto de anúncios pode ajudar a capturar mais cliques valiosos dentro do seu limite geral.

Mantenha esta mentalidade de teste e aprendizado para garantir que cada dólar gasto em anúncios seja direcionado aos públicos que mais provavelmente se converterão em vendas lucrativas.

Orçar uma quantia de investimento em anúncios alinhada com suas metas gerais de negócios e capacidade de custear novas aquisições é fundamental. Igualmente crítico é microssegmentar seu público-alvo e otimizar continuamente para mostrar seus anúncios apenas para as pessoas com maior probabilidade de se tornarem clientes valiosos.

Ao combinar o orçamento certo com a segmentação mais inteligente, você obterá o máximo retorno sobre o investimento de seu dinheiro investido em anúncios - impulsionando resultados lucrativos em suas campanhas. O segredo está em encontrar o equilíbrio certo para seu negócio por meio de teste contínuo e aprendizado ágil.

Espero que as estratégias apresentadas aqui forneçam uma base sólida para maximizar o sucesso com orçamentos de anúncios e direcionamento de público. Por favor, não hesite em me contatar se você gostaria que eu aprofundasse algum tópico específico ainda mais conforme você aplica estes conceitos. Estou animado para ajudar a impulsionar o crescimento de seus negócios!

No próximo capítulo, mergulharemos no poder das parcerias

de influenciadores e como criar colaborações que impulsionam resultados, ao mesmo tempo em que constroem relacionamentos de longo prazo com esses criadores valiosos.

PARCERIAS
LUCRATIVAS

Em uma era saturada de marketing, a verdadeira chave para cortar o ruído é o endosso autêntico dos líderes de opinião que já possuem a confiança de sua audiência. De fato, 92% dos consumidores confiam mais em recomendações de influencers do que em anúncios ou conteúdo de marcas diretamente. Você pode conferir os estudos da Nielsen que falam sobre isso:

- Redefinindo a estratégia de conteúdo para o marketing de influenciadores

- Estudo de caso: Medindo a eficácia do marketing de influenciadores além de curtidas e compartilhamentos

- Aproximando-se: Influenciadores ajudam as marcas a construir conexões mais pessoais com os consumidores

Neste capítulo, mergulharemos no poder das parcerias de influenciadores e como criar colaborações que impulsionam resultados, ao mesmo tempo em que constroem relacionamentos de longo prazo com esses criadores valiosos.

Identificando os influencers certos

Com milhões de criadores por aí, identificar os embaixadores de marca ideais para se associar pode parecer intimidante. Aqui estão algumas estratégias para encontrar o match perfeito:

Pesquisar hashtags ou menções relevantes para sua marca para descobrir criadores de conteúdo ativos e engajados falando sobre tópicos relacionados.

Analisar métricas-chave como engajamento com a comunidade, taxas de crescimento, downloads de conteúdo etc. para avaliar seu alcance e influência reais.

Verifique se eles já promoveram marcas semelhantes à sua - isso mostra abertura para parcerias.

Entre em contato diretamente para explicar por que você os admira e onde vê uma oportunidade de colaboração ganha-ganha.

Conecte-se com influencers que compartilhem seus valores, voz autêntica e audiência altamente segmentada e engajada, em vez de apenas grandiosidade. Nas rádios do Grupo Catarinense de Rádios, por exemplo, você pode ter os locutores (que também são influenciadores locais) para divulgar o seu negócio.

Negociando o acordo

Depois de identificar os parceiros de influência ideais, chega a hora de negociar os termos do relacionamento. Elementos importantes a serem acordados:

- **Objetivos e KPIs claros:** Acordo com o influenciador sobre as métricas de sucesso e conversão específicas do projeto - inscrições em newsletters, tráfego para landing page, cupons resgatados etc.

- **Tipos de conteúdo**: Que formatos farão sentido - vídeos no YouTube? Posts patrocinados no Instagram? Stories? Live talks? Garanta que os formatos reforcem sua autoridade.

- **Cronograma e exclusividade**: Por quanto tempo o relacionamento durará? O acesso é exclusivo ou eles podem promover marcas concorrentes? Defina expectativas claras.

- **Compensação justa**: Negocie uma remuneração justa para ambos os lados com base no valor que seus canais entregam. Misture formas de pagamento como taxas fixas, comissões por desempenho, produtos grátis, etc.

Acordos transparentes e recíprocos desde o início criam a base para colaborações de sucesso de longo prazo.

Ativando a parceria

Com o contrato assinado, está na hora de ativar a parceria. Algumas melhores práticas para esta fase crítica:

- Ligue para discutir ideias criativas e brainstorm narrativas e ângulos envolventes para apresentar sua marca.

- Forneça informações detalhadas sobre seus produtos/ serviços, diferenciais competitivos exclusivos e estudo de casos para inspirar ideias de conteúdo.

- Dê a eles acesso total para experimentar completamente sua oferta de forma que possam falar sobre ela de forma autêntica.

- Forneça ativos como imagens e vídeos de alta qualidade para eles incorporarem ao conteúdo.

- Lance um grande anúncio nas mídias próprias do influenciador para maximizar o alcance desde o início.

Quanto mais você se preparar e apoiar, mais sucesso o lançamento da colaboração terá.

Extraindo o valor máximo

Só porque o conteúdo patrocinado está ao vivo não significa que o trabalho acabou. Há muitas táticas para extrair ainda mais valor de cada colaboração:

- Permitir que o influenciador reorientar o mesmo conteúdo em vários formatos (por exemplo, um vídeo do YouTube transformado em post no Instagram ou podcast).

- Oferecer comissão sobre qualquer venda incremental impulsionada usando o código promocional exclusivo do parceiro.

- Promover amplamente o conteúdo em seus próprios canais para capitalizar no alcance combinado.

- Solicitar feedback do parceiro sobre pontos fracos do produto ou áreas de melhoria para a experiência do cliente que você pode endereçar.

- Analisar detalhadamente os relatórios de desempenho e realizar uma reunião pós-lançamento para discutir insights e oportunidades.

Aproveite ao máximo cada peça de conteúdo para gerar mais conscientização, tráfego, leads e vendas da parceria.

Escalando o relacionamento

Colaborações de influenciadores bem-sucedidas não precisam ser pontuais. Aqui estão maneiras de aprofundar o relacionamento:

- Traga embaixadores de marca oficiais que ressoam fortemente com seus valores centrais.

- Lance um programa de afiliados recorrente que recompense financeiramente os criadores pelo negócio contínuo que eles dirigem.

- Convidar o influenciador para ser um júri ou juiz em um concurso da marca.

- Entreviste o líder de opinião em seu próprio podcast ou canal do YouTube para alavancar suas perspectivas.

- Pergunte como mais você pode apoiar seus objetivos e planos de crescimento futuros - então procure entregar.

Quando você demonstra compromisso com o sucesso mútuo de longo prazo, cria laços que resistirão ao teste do tempo.

As parcerias estratégicas de influenciadores são, sem dúvida, um dos canais de marketing mais poderosos e persuasivos disponíveis hoje. Ao selecionar embaixadores da marca cuidadosamente, criar alinhamento, executar ativações multicanal e cultivar colaborações contínuas - você posiciona seu negócio para crescer exponencialmente aproveitando a credibilidade e alcance da voz coletiva dos líderes de opinião.

Portanto, identifique seus defensores ideais, trate-os como parceiros valiosos e juntos vocês transformarão fãs apaixonados em clientes leais e advogados de marca vitalícios. Está na hora de mergulhar no mundo incrivelmente poderoso das parcerias de influenciadores!

Networking no Instagram

O Instagram tornou-se muito mais do que uma plataforma para compartilhar fotos bonitas. Transformou-se em uma comunidade vibrante e engajada onde marcas e empresas podem promover seus produtos, construir relacionamentos significativos e colaborar com líderes influentes.

Vale lembrar que antes de mergulhar na criação de redes no Instagram, é vital ser claro sobre o que você deseja alcançar. Você deseja mais seguidores? Parcerias de marca? Referências e clientes? Novos negócios? Posicionamento como líder do setor?

Saber seu principal objetivo orientará suas estratégias e ajudará a medir o sucesso. Manter metas tangíveis também o mantém focado em atividades de alto valor, em vez de se perder no feed infinito.

E alguns objetivos de exemplo a considerar:

- Ganhar 500 seguidores qualificados em 3 meses

- Fechar 2 parcerias estratégicas com marcas complementares

- Obter 5 referências de influenciadores líderes em meu nicho

- Aumentar consultas de vendas em 25% por meio de contatos no Instagram

Ouse grandes sonhos. Depois, apoie-os com estratégias deliberadas para fazer do Instagram um trampolim para o que você deseja conquistar.

Crie conteúdo irresistível

As pessoas se conectam com pessoas, não logotipos. Por isso, o conteúdo que você publica deve revelar seus valores, paixões, personalidade, visões e áreas de experiência.

Compartilhe ideias perspicazes, stories por trás dos bastidores, casos de estudo inspiradores, lições aprendidas, erros evitados. Quanto mais informações exclusivas e perspectivas originais você compartilhar; mais autoridade e influência construirá.

Foque em resolver as necessidades reais e dores do seu público-alvo. Seja generoso com insights valiosos e soluções para os problemas que seu seguidor ideal enfrenta. Isso fará com que eles anseiem por seu próximo post.

E não esqueça de usar posts no stories para momentos mais pessoais que fortalecem conexões. As pessoas fazem negócios com pessoas que conhecem, gostam e confiam. Mostre seu lado humano.

Direcione e engaje seguidores ideais

Construir uma grande base de seguidores é bom, mas fazer crescer uma comunidade engajada de seguidores IDEAIS é ainda melhor.

Foque sua energia em atrair seu público perfeito usando táticas como:

- Incluir hashtags relacionadas ao seu nicho para ser encontrado por pessoas interessadas.

- Geotag locais relevantes para seu negócio para aparecer em buscas locais.

- Mencionar e interagir com players e marcas influentes em seu espaço para aumentar a descoberta.

- Destacar outras contas complementares através de compartilhamentos e tags para aproveitar redes mais amplas.

- Executar anúncios direcionados com laser para alcançar perfis de público-alvo muito específicos.

Quanto mais seguidores certos você atrair; maior relevância, compartilhamento e boca a boca que sua conta gerará.

Construa relações autênticas

Lembre-se, o networking no Instagram deve ser sobre criar relacionamentos genuínos, não transações unilaterais.

Dedique tempo para se envolver profundamente com seus seguidores e contatos:

- Curtir e comentar publicações

- Responder a todas as mensagens e perguntas

- Agendar sessões regulares de perguntas e respostas

- Solicitar feedback por meio de enquetes

- Compartilhar conteúdo gerado pelo utilizador

Essa mentalidade de "dar primeiro" abrirá portas para colaborações recíprocas no futuro. As pessoas farão negócios com aqueles que admiram, respeitam e se importam com eles.

Desbloqueie o poder das colaborações

O Instagram tem um poder incrível para conectar marcas complementares, líderes influentes e criadores de conteúdo para trabalharem em projetos inovadores juntos.

Explore oportunidades como:

- **Co-marketing**: fazer promoções cruzadas ou concursos com outra marca para alavancar seu alcance combinado.

- **Takeovers**: permitir que outra empresa ou líder assuma sua conta por um dia para compartilhar uma nova perspectiva com seus seguidores.

- **Entrevistas**: alcançar as redes de seus contatos ao entrevistá-los em seu canal ou podcast.

- **Merchandising**: enviar amostras de produtos para

microinfluenciadores testarem e resenharem honestamente para seus seguidores.

Quando ambas as marcas têm uma missão e valores alinhados, o céu é o limite. As opções de cooperação são infinitas.

O Instagram oferece oportunidades sem precedentes para indivíduos ambiciosos, marcas e empresas para construir sua credibilidade, compartilhar ideias, forjar conexões profissionais significativas e impulsionar o crescimento mútuo.

Eu encorajo você a aplicar as estratégias e melhores práticas abordadas neste capítulo para dominar o networking no Instagram. Concentre sua energia nas atividades certas e, com o tempo, você verá relacionamentos transformadores florescerem - levando a novos negócios, parceiros poderosos e um senso de comunidade que impulsionará seu sucesso a longo prazo.

Portanto, o que você está esperando? Está na hora de botar o poder deste aplicativo incrível para trabalhar para o seu benefício!

No próximo capítulo, vamos mergulhar de cabeça nas métricas mais importantes e mostrar como interpretá-las para ganhar insights sobre seu público e orientar suas estratégias de conteúdo.

MENSURANDO O DESEMPENHO

Em um mundo dominado por dados e análises, medir e otimizar o desempenho não é mais opcional - é essencial para o sucesso. Felizmente, o Instagram torna incrivelmente fácil acompanhar e entender como seu conteúdo está performando por meio do Instagram Insights.

Ao aproveitar todo o poder do Insights, você transformará seguidores casuais em fãs engajados e leais.

A primeira etapa é configurar objetivos claros e mensuráveis que alinhem com suas metas gerais de negócios no Instagram. Isso garantirá que você possa rastrear o progresso em direção a essas metas vitais.

Além disso, comece analisando as principais métricas de alto nível:

- **Alcance/Impressões** - Quantas vezes seu conteúdo foi visto

- **Engajamento** - Curtidas, comentários, compartilhamentos, cliques

- **Seguidores** - Seu número total de seguidores e taxa de crescimento

- **Tráfego de perfil** - Número de visitas ao seu perfil no Instagram

Isso fornecerá uma imagem rápida de sua saúde e crescimento geral no Instagram. Agora vamos aprofundar essas métricas. Se tiver alguma dúvida mais técnica pode acessar o help do próprio Instagram no link [**clique aqui**].

Desvendando seu conteúdo mais forte

A análise de conteúdo é onde o verdadeiro ouro está escondido. O Insights torna extremamente fácil comparar o desempenho de cada um de seus posts para descobrir os formatos e tópicos que mais ressoam com seu público.

Classifique seu conteúdo por impressões, alcance, engajamento, cliques em link e outros pontos de dados para ver os destaques claros. Isso revelará gemas ocultas em seu feed que talvez você não percebeu que foram um sucesso.

Também verifique o tempo médio que as pessoas gastam visualizando seus vídeos ou carrosséis de várias imagens. Mais tempo gasto significa mais interesse e engajamento.

Essas informações são ouro puro para orientar a criação de mais conteúdo que seu público amará.

Desvendando seus seguidores

Mergulhe nos dados demográficos e de estilo de vida de seus seguidores no Instagram para ganhar percepções fascinantes sobre quem é seu "fã típico".

Analise seus seguidores por idade, gênero, localização, momento do dia e da semana em que estão online. Isso guiará quando publicar para o máximo impacto.

O Insights também mostra seus seguidores por interesses declarados, como "noivas" ou "cachorros" por exemplo. Use isto para criar conteúdo hiperpersonalizado para esses nichos.

Quanto mais você entender as características e preferências únicas de seus seguidores, mais sucesso terá falando diretamente com eles como indivíduos.

Comparando seu desempenho

Uma função de análise poderosa no Insights é a capacidade de comparar facilmente seu desempenho com períodos ou contas anteriores.

Por exemplo, compare as métricas mensais para rastrear seu crescimento. Ou veja se uma nova estratégia está impulsionando mais engajamento do que no mesmo período do ano passado.

Você também pode comparar o desempenho de várias contas que você possui para identificar oportunidades entre elas.

Essas informações de comparação ajudam você a medir ganhos ou perdas de desempenhos ao longo do tempo, para que possa duplicar o que funciona e corrigir o que não está.

Impulsionando resultados com Testes A/B

Testes A/B significa publicar variações ligeiramente diferentes do mesmo conteúdo (por exemplo, legenda ou imagem diferentes) para ver qual variação tem melhor desempenho.

O Instagram facilita os testes A/B:

- Publique a variação A (ex. legenda original)

- Crie uma cópia desse post e altere levemente algo (ex. nova legenda)

- Veja após alguns dias qual obteve mais engajamento

Ao testar iterativamente pequenas mudanças, você pode aumentar drasticamente curtidas, compartilhamentos e outras métricas importantes.

Dominar os Insights do Instagram é indispensável para mensurar e otimizar o desempenho de suas contas para alcançar crescimento explosivo. Ao configurar objetivos, analisar suas principais métricas, identificar seu melhor conteúdo e público e executar testes A/B - você pode tomar decisões inteligentes e estratégicas para aumentar seu alcance, relevância e lucratividade a longo prazo.

Portanto, mergulhe nos dados hoje mesmo. Permita que o Instagram Insights guie seu caminho para o sucesso em ritmo acelerado!

Ao dominar a ciência por trás dos números, você desbloqueará insights acionáveis para otimizar cada etapa da jornada do usuário - conduzindo a resultados de negócios muito maiores no final.

Decifrando curtidas e reações

Como a métrica de engajamento mais básica, as curtidas ainda carregam peso e devem ser rastreadas. Elas sinalizam interesse, ressonância e concordância com sua mensagem ou marca.

Mas certifique-se de olhar além do número bruto e analisar curtidas em relação a impressões gerais e alcance da publicação para entender verdadeiramente quão eficazmente ele está conectando-se. A taxa de engajamento (curtidas ÷ alcance) é muito mais reveladora do que curtidas sozinhas.

Além disso, as variações de Reações do Facebook (amei, uau, triste, grr) agregam uma nova camada de informações sobre a natureza do engajamento, seja positivo ou negativo. Portanto, não ignore esse dado valioso.

Aprofundando em comentários

Enquanto as curtidas podem ser mais superficiais, os comentários representam engajamento mais profundo e sustentado.

Ao interagir o suficiente para formular e compartilhar um pensamento detalhado, os seguidores que comentam investem mais tempo e esforço mental. Isso demonstra um interesse mais forte em seu conteúdo ou marca.

Além disso, cada comentário serve como prova social perante seus seguidores. Eles influenciam a percepção geral sobre a qualidade e credibilidade de sua oferta.

Finalmente, os próprios comentários fornecem insights de ouro. Você pode codificar e categorizar por tópicos para descobrir dores, necessidades insatisfeitas ou ideias para novos conteúdos que seu público desejará.

Poder dos compartilhamentos

Métricas de compartilhamento medem seu "poder viral" - a probabilidade de sua mensagem se espalhar por meio de compartilhamento entre pares e alcance orgânico ganho.

Isso ocorre porque cada pessoa que compartilha endossa seu conteúdo e efetivamente se torna um promotor da sua marca para suas próprias redes. Isso proporciona credibilidade através da recomendação social que dinheiro não pode comprar e amplifica enormemente sua exposição.

Portanto, otimizar conteúdo para compartilhamento maximizado deve ser uma grande prioridade ao desenvolver sua estratégia nas mídias sociais.

A força dos cliques em links

Os cliques que levam ao seu site ou landing pages são um sinal crucial de que você está motivando as pessoas não apenas a engajar, mas também a seguir em frente para a próxima etapa desejada.

Se o objetivo final for downloads de e-books, inscrições em webinários ou compras, então impulsionar tráfego de entrada de qualidade para esses destinos vitais é essencial.

Além disso, os cliques fornecem uma indicação inicial da intenção de compra e qualidade geral do tráfego de referência das mídias sociais antes que eles cheguem ao seu site.

Métricas de vídeo vitais

Para conteúdo de vídeo, os principais sinais de engajamento são visualizações, taxas de conclusão de visualização, interações (curtidas, comentários, compartilhamentos) e inscrições no canal se aplicável.

Mais visualizações e taxas de conclusão de vídeo mais altas demonstram que você está efetivamente prendendo a atenção das pessoas com histórias e apresentações cativantes. Enquanto curtidas e compartilhamentos mostram acionabilidade e potencial viral.

E claro, atrair inscritos leais e recorrentes em seu canal do

Instagram deve ser uma meta primordial para impulsionar o crescimento contínuo através de engajamento repetido.

Acompanhando conversões críticas

Métricas como inscrições em newsletters, downloads de guias, visualizações de página de preços ou criação de contas são sinais reveladores de interesse qualificado e prontidão para compra.

Portanto, acompanhar taxas de conversão das principais etapas do funil de vendas associadas a canais de mídia social específicos é indispensável.

Isso revelará quais táticas e conteúdos estão direcionando seu tráfego mais valioso pronto para converter. Você pode então investir mais nestas áreas de alto potencial.

Espero que este mergulho profundo tenha destacado por que cada métrica de engajamento é importante à sua maneira e como interpretá-las coletivamente para tomar decisões inteligentes.

Mas a análise não deve parar aqui. Eu encorajo você a levar essas percepções e realmente agir sobre elas:

- Aprofundar dados específicos de posts e segmentos de melhor desempenho

- Definir metas quantitativas para impulsionar crescimento

- Documentar insights e planos de ação

- Brainstorm ideias de conteúdo e engajamento otimizadas

- Desenvolver estratégias omnichannel para escalar seu sucesso

Ao aplicar um processo contínuo de análise → insights → otimização, você liberará todo o poder de sua audiência para acelerar resultados. Então, sem mais delongas, está na hora de mergulhar nos dados e deixar que as métricas impulsionem seu crescimento para novos patamares!

No próximo capítulo, compartilharei táticas testadas para promover naturalmente sua oferta e direcionar tráfego altamente qualificado para páginas de vendas - sem soar como anúncios descarados.

VENDAS SEM COMPLICAÇÕES

Transformar seguidores em clientes é o objetivo final de qualquer negócio nas mídias sociais. No entanto, promover produtos de maneira orgânica em seu feed requer uma abordagem estratégica para evitar parecer muito "vendas".

Por isso, vamos explorar como posicionar valor, criar conteúdo envolvente em torno de seus produtos, alavancar influenciadores, aproveitar temporadas de compras e muito mais. Ao executar essas melhores práticas pacientemente, você cultivará uma audiência receptiva e pronta para comprar.

Construindo antecipação

Antes de promover agressivamente um novo produto ou serviço, é sensato investir tempo criando "hype" e antecipação. Isso envolve posicioná-lo como a solução para uma dor significativa que seu público possa ter.

Destaque o problema ou necessidade que seu produto atenderá por meio de conteúdo como:

- Dicas rápidas ou mini tutoriais que oferecem valor, mas deixam eles querendo soluções mais completas

- Artigos de post ou conteúdo longo detalhando os desafios que seu produto resolverá

- Stories ou posts gerando mistério sobre um lançamento importante em breve

Este período de pré-lançamento é crucial para educar sua audiência sobre por que eles precisam de sua oferta e estabelecer você como provedor de soluções confiável antes do grande revelação.

Focando no relacionamento primeiro

Lembre-se, as pessoas compram de pessoas que conhecem, confiam e gostam... não de estranhos aleatórios que aparecem para vender.

Portanto, foque muito mais em construir um relacionamento significativo por meio de conteúdo que não seja sobre vendas do que em promoções descaradas de produtos o tempo todo.

Compartilhe seus valores, paixão, personalidade e história por trás de sua marca. Responda a perguntas diretamente. Solicite feedback em pesquisas. Celebre vitórias dos clientes.

Ao investir no relacionamento em primeiro lugar, você ganha permissão de comercializar ocasionalmente uma vez que tenha estabelecido boa vontade e conhecimento mútuo.

Foco nos benefícios

Em vez de falar sobre recursos e especificações técnicas, concentre-se nos benefícios emocionais que seu produto oferece aos compradores. Como ele os fará se sentir? Que problema ele vai resolver?

As pessoas compram com base em desejos e dores internas - não numa lista de funções. Portanto, encontre maneiras criativas de posicionar como usar seu produto ou serviço transformará positivamente as vidas deles.

Isso pode envolver criar personagens fictícias e mini histórias ou estudos de caso mostrando o impacto de sua solução na vida real. Esta estrutura narrativa se conecta muito mais profundamente.

Mostrando versatilidade de uso

Em vez de se concentrar em um único caso de uso, mostre as muitas maneiras versáteis que clientes podem ganhar valor do seu produto. Isso amplia o apelo para diferentes tipos de compradores.

Por exemplo, um planejador pode ajudar a organizar não apenas compromissos, mas também ideias criativas, metas de fitness, hábitos saudáveis e muito mais. Ou software de produtividade que atende a casos de uso empresariais e pessoais.

Quanto mais situações de "isso também funciona para..." você demonstrar, maior a percepção de valor do produto e mais motivos para comprar.

Alavancagem por influenciadores

Tire proveito de indivíduos influentes em sua indústria para gerar credibilidade através de endossos sociais.

Ofereça seus produtos para influenciadores experimentarem e compartilharem honestamente, alavancando sua rede significativa de seguidores. Ou peça referências e depoimentos de especialistas respeitados que já usaram seu produto.

Mesmo que eles compartilhem com desconto ou gratuitamente no começo, impulsionar vendas e expandir sua presença faz valer o investimento. Só garanta que os valores dos parceiros de influência estejam alinhados.

Promovendo ofertas limitadas

As pessoas são motivadas pela escassez e medo de perder a oportunidade. Para capitalizar nisso, promova vigorosamente ofertas de tempo limitado e disponibilidade limitada para despertar um senso de urgência.

Faça a contagem dos dias até que um cupom ou preço especial expire. Ou compartilhe quantidades limitadas de códigos promocionais VIP.

Limitar o tempo e disponibilidade faz com que potenciais compradores ajam agora, em vez de adiar a decisão ou esquecer.

Mas certifique-se de espaçar essas promoções entre períodos regulares de preço total para evitar desvalorizar seu produto.

Capitalizando na temporada

Existem épocas naturais ao longo do ano quando as pessoas estarão mais inclinadas a comprar tipos específicos de produtos.

O outono pode ser um bom momento para promover planners e produtividade para o ano novo vindouro. O início do ano, quando as pessoas fazem resoluções, é a hora perfeita para aplicativos de fitness e cursos de desenvolvimento pessoal.

Pense estrategicamente sobre como seu produto se encaixa em tendências e demandas sazonais. Isso traz um aumento natural no interesse e intenção de compra durante esses períodos.

Promover produtos nas mídias sociais vai muito além de anúncios descarados e táticas de alta pressão. Requer uma abordagem sutil e relacional de longo-prazo focada em posicionar seu valor, resolver problemas e atender às necessidades das pessoas.

Ao incorporar as estratégias acima na promoção de seus produtos, você cultivará gradualmente um público receptivo que confia em você e permanecerá aberto a oportunidades de compra quando estiver pronta para lançá-las.

Portanto, seja paciente, genuíno e focado em agregar valor por um longo tempo antes de comercializar pesadamente. Ao estabelecer essas bases, suas taxas de conversão futuras irão prosperar.

Uso do Instagram Shopping

O Instagram tem evoluído muito além de uma plataforma de compartilhamento de fotos para se tornar um ecossistema de e-commerce vibrante que ajuda marcas e empresas a exibir e vender produtos diretamente.

Por meio de recursos como Shopping Tags, Lojas do Instagram e anúncios de produtos, centenas de milhões de usuários estão agora comprando no aplicativo. Um case que eu curto bastante é o Ponto Frio (conforme imagem que segue), que consegue criar memes e anexar produtos em cada publicação.

PONTOFRIO
Publicações

pontofrio ✓   •••

o que adianta eu malhar pra ficar forte

Bicicleta Ergométrica Vertical Gallant Tr... >

Academia Particular Poli... Em promoção >

se quando eu te vejo eu fico fraquinho

Ver loja >

Ativando o Instagram Shopping

O primeiro passo é garantir que sua conta de negócios tenha o Instagram Shopping configurado corretamente. Para fazer isso:

- Certifique-se que sua conta comercial esteja configurada corretamente.

- Insira todas as informações do seu catálogo de produtos como preços, variantes, disponibilidade, detalhes, links e muito mais.

- Adicione tags de produtos às suas fotos para que os usuários possam clicar para visualizar mais e comprar.

- Confirme suas informações de contato e método de pagamento.

- Envie todos esses dados para revisão e aprovação do Instagram antes de ativar seu Shopping.

Definir tudo no backend garantirá que seus produtos apareçam em toda a experiência de compras do Instagram.

Otimizando sua Loja Instagram

Uma vez que seu Shopping esteja ativo, você terá acesso à guia Loja - uma vitrine digital dedicada para exibir e vender sua marca.

A Loja permite você compartilhar suas coleções, contar a história do seu negócio e receber pagamentos sem que os usuários precisem sair do Instagram.

Personifique sua Loja adicionando seu logotipo, cores da marca e imagens que definam sua identidade. Crie vitrines de produtos elegantes usando variedades de layouts.

Destaque produtos especiais, lance novas coleções e muito mais. Quanto mais convidativa e otimizada sua Loja for, mais tráfego e vendas ela dirigirá.

Usando Shopping Tags

O recurso mais poderoso do Instagram Shopping é as visual Shopping Tags - etiquetas de compra brancas que podem ser adicionadas a qualquer imagem ou vídeo de produto em seu feed ou Stories (como vimos na imagem do Pin do Ponto Frio).

Quando usuários clicam, eles veem um resumo elegante do produto, preço, opções e um botão "Ver no site" para finalizar a compra em seu site.

Isso converte seu conteúdo orgânico em canais de venda altamente direcionáveis. Basta educar seus seguidores para procurar e clicar nessas tags de compra.

Impulsionando com anúncios

O Instagram oferece uma variedade de opções de anúncios orientados para vendas que podem ser alavancadas:

- Anúncios de Coleção para promover todas as suas ofertas em um anúncio de slideshow atraente.

- Anúncios de Produto para promover itens individuais com tags de compra.

- Anúncios de Oferta para promoções especiais de tempo limitado.

Todos são altamente segmentáveis por localização, idade, interesses e comportamento de compra passado dos usuários também.

Anúncios patrocinados dão alcance extra para clientes qualificados interessados que ainda não seguem você. Eles são fundamentais para maximizar receita.

Analisando desempenho

A melhor parte é que o Instagram fornece insights analíticos poderosos sobre seu desempenho de compras dentro do próprio aplicativo.

Você pode rastrear métricas como:

- Impressões do Shopping Tag

- Cliques de tags de produto

- Desempenho por produto

- Vendas geradas

Isso permite testar facilmente qual conteúdo de produto e quais promoções estão revertendo em mais cliques e vendas.

Esses insights são inestimáveis para identificar seus produtos campeões e orientar a alocação do seu orçamento de anúncios e esforços de marketing.

Dominar o shopping no Instagram é absolutamente vital para alavancar seu alcance massivo e audiência altamente segmentada em receita real.

Ao ativar recursos como Shopping Tags, Loja Instagram e anúncios focados em produtos - sua presença orgânica e paga pode se tornar uma máquina bem lubrificada de gerar vendas lucrativas.

Portanto, certifique-se de aplicar as melhores práticas deste capítulo para posicionar seus produtos na frente dos mais de 1 bilhão de usuários mensais ativos do Instagram. Os resultados comerciais são verdadeiramente incomparáveis em qualquer outro canal!

PRÓXIMOS PASSOS
DE SUCESSO

Depois de aplicar estratégias de crescimento nas redes sociais e obter sucesso inicial, muitos empresários e criadores se encontram estagnados perguntando "O que vem a seguir? Como manter esse crescimento?"

A verdade é que o trabalho não termina quando você atinge um nível de sucesso. Na verdade, apenas começou. Manter o crescimento exige uma mentalidade inteiramente nova para evitar armadilhas comuns.

Neste capítulo final, vou compartilhar os princípios fundamentais para sustentar seu progresso, continuar inovando e levar seu negócio para novos patamares de sucesso duradouro.

Vamos explorar como evitar a complacência, educar-se continuamente, investir sabiamente para o futuro e muito mais. Ao internalizar essas lições vitais agora, você incorporará as bases para prosperar não apenas nos próximos meses, mas nos próximos anos e décadas.

Evitando a armadilha da complacência

A armadilha mais comum que impede o crescimento contínuo é tornar-se complacente ou autossatisfeito quando as coisas estão indo bem. Você desacelera. Para de aprender. Assume que sabe tudo. Essa atitude é um beijo da morte digital.

Lembre-se, o sucesso de hoje não garante o sucesso de amanhã em um mundo digital em rápida mudança. As regras do jogo, os algoritmos e até mesmo as plataformas dominantes estão em constante fluxo.

O que está funcionando agora pode não funcionar em seis meses. Portanto, você deve adotar uma mentalidade de aprendizado e experimentação contínuos para continuar testando novas estratégias, plataformas e oportunidades.

A chave é nunca ficar satisfeito com o status quo apenas porque as coisas estão bem no momento e sempre continuar elevando seus esforços.

Investindo sabiamente no seu desenvolvimento

Além de evitar a complacência, você precisa investir proativamente em seu próprio desenvolvimento como líder e criador de conteúdo.

Destine tempo e recursos para:

- Ler os últimos livros, blogs e podcasts para se manter atualizado

- Desenvolver novas habilidades digitais e de marketing

- Participar de cursos, seminários e conferências relevantes em sua indústria

- Contratar mentores e coaches para orientação personalizada

- Viajar para obter novas perspectivas e inspiração

Seu aprendizado e crescimento eventualmente desacelerarão se você não fizer esforços deliberados para expandir seus horizontes. Portanto, aproveite cada oportunidade disponível.

Duplicando o que funciona

Em vez de sempre buscar a próxima grande ideia, muitas vezes a estratégia mais sensata é duplicar e dimensionar o que já se provou bem-sucedido.

Pergunte a si mesmo:

- Quais tipos de conteúdo meus seguidores mais curtiram?

- Que canal ou plataforma trouxe os melhores resultados?

- Que parcerias e colaborações foram mais frutíferas?

- Quais estratégias de monetização ou conversão funcionaram melhor?

Identifique seus maiores sucessos e invista mais pesado neles, elevando para o próximo nível, em vez de abandoná-los prematuramente em favor do próximo brilho.

Mantendo sua vantagem competitiva

Tão crucial quanto escalar o que funciona é garantir que você mantenha a vantagem competitiva que o possibilitou se destacar desde o início.

Pergunte-se honestamente:

- O que nos torna únicos?

- Por que as pessoas escolhem nós sobre os concorrentes?

- Podemos nos comprometer ainda mais com esses pontos de diferenciação?

Nunca dê como certo os diferenciais exclusivos que construíram seu sucesso inicial. Na verdade, invista em fortalecê-los ainda mais ou você arrisca outros tomarem seu lugar.

Fazendo os ajustes necessários

Às vezes, manter o crescimento significa ter a coragem de fazer mudanças estruturais importantes em seus negócios, mesmo que dolorosas no curto prazo.

Isso pode envolver:

- Mudar de nicho ou redefinir seu público-alvo

- Investir pesado em marketing ou desenvolvimento de produto

- Contratar mais pessoal ou líderes experientes

- Encerrar projetos ou produtos não rentáveis

- Reformular tecnologia, operações e processos ultrapassadas

Evite o impulso de se agarrar ao status quo quando sua intuição diz que mudanças fundamentais são necessárias para desbloquear seu próximo nível.

Construindo sua marca para durar

Acima de estratégias ou táticas específicas, seu foco a longo prazo deve estar em construir uma marca sólida e sustentável que possa durar décadas, não apenas alguns anos.

Isso envolve definir sua missão central, valores e propósito além do lucro. Como deixaremos o mundo melhor? Por que estamos aqui e o que representamos?

Concentre-se em viver esses valores fundamentais consistentemente por meio de uma cultura e tom de voz distintos como empresa. Isso cultivará lealdade e conexão emocional duradouras em clientes e funcionários.

Este tipo de boa vontade profunda e confiança é o que sustenta marcas ícones por gerações inteiras por meio de tendências cambiantes e disruptivas.

A conquista do sucesso inicial é apenas o começo da jornada para os criadores e líderes visionários. A próxima fase da escalada para a grandeza verdadeiramente duradoura requer uma mentalidade totalmente nova de aprendizado contínuo, adaptabilidade, investimento estratégico e construção paciente de uma marca guiada por valores.

Espero que os princípios compartilhados neste livro consolidem as bases de uma empresa ou marca pessoal construída para prosperar por muitos anos vindouros. Sempre que você se sentir estagnando, volte e releia este livro para reacender sua motivação e orientação.

O caminho a seguir pode parecer intimidador às vezes. Mas tendo estabelecido os alicerces certos até agora, tenho certeza de que você está pronto para tudo o que vier em seguida com oportunidade ilimitada pela frente.

Desejo-lhe toda a sorte do mundo na próxima empolgante fase da escalada! Mal posso esperar para testemunhar os altos ainda maiores que você alcançará nas próximas décadas por vir.

O mundo será seu!

REGINALDO OSNILDO

Sou Reginaldo Osnildo, especialista em estratégias de comunicação. Minha experiência acadêmica na Universidade do Sul de Santa Catarina, aliada ao meu trabalho como estrategista no Grupo Catarinense de Rádios, me tornou um profissional capacitado em estratégias de comunicação voltada para os negócios. Meu doutorado foi focado em narrativas de vendas e convergência digital, enquanto meu mestrado explorou o storytelling e o imaginário social.

Estou pronto para ajudar as empresas a construir uma presença autêntica e significativa no mercado.

Atenciosamente,

Prof. Dr. Reginaldo Osnildo

+5548991913865

reginaldoosnildo@gmail.com

www.ingramcontent.com/pod-product-compliance
Lightning Source LLC
Chambersburg PA
CBHW071053290526
45795CB00004B/1473